MW01711221

Opere di Maria Montessori

Della stessa autrice in edizione Garzanti:
La mente del bambino
La scoperta del bambino
Il segreto dell'infanzia
Educazione per un mondo nuovo
L'autoeducazione
Come educare il potenziale umano

Maria Montessori

Il bambino in famiglia

Garzanti

In questa collana
Prima edizione: aprile 2000
Prima ristampa: ottobre 2003
Seconda ristampa: marzo 2006
Terza ristampa: giugno 2007
Quarta ristampa: ottobre 2008
Quinta ristampa: gennaio 2010
Sesta ristampa: aprile 2011
Settima ristampa: febbraio 2012
Ottava ristampa: febbraio 2013

ISBN 978-88-11-67473-3

Printed in Italy

www.garzantilibri.it

LA PAGINA BIANCA

Il nostro metodo (che – per distinguerlo dai tanti altri tentativi moderni di creare nuove forme di scuola – porta un nome personale) ha dato occasione di scoprire nei bambini caratteri morali, che non erano stati ancora osservati. Vale a dire, è sorta dinanzi a noi « la figura nuova di un bambino incompreso ».

Ed è per questo che siamo portati ad un'azione sociale attiva per fare comprendere meglio il bambino e per operare alla sua difesa, ed al riconoscimento dei suoi diritti. Perché, se vi è una moltitudine di deboli creature umane, che vive in mezzo ai forti senza esser compresa – e perciò senza che mai la voce occulta dei suoi bisogni profondi di vita raggiunga il livello cosciente della società degli adulti – tale fatto rappresenta quasi un abisso di mali insospettati.

Quando il bambino, nelle scuole tenute col nostro metodo – che sono luoghi di calmo lavoro, dove l'anima compressa si espande e si rivela –, ci mostrò attitudini e possibilità d'azione pratica del tutto opposte o, certo, assai lontane da quelle credute universalmente come proprie all'infanzia, fummo condotti a riflettere sulla gravità di antichi errori commessi inconsciamente verso la parte più delicata dell'umanità.

I fenomeni che i bambini ci mostrarono furono la rivelazione di un lato ancora nascosto dell'anima infantile. La loro attività rivelava tendenze non mai considerate né da psicologi, né da educatori.

I bambini non andavano verso le cose che si era supposto piacessero loro, come per esempio i giocattoli; né s'interessavano di racconti fantastici. Innanzi tutto cercavano di rendersi indipendenti dall'adulto, in tutte le azioni che potevano compiere da se stessi: manifestando chiaramente il desiderio di non essere aiutati, se non in caso di assoluta necessità. E si mostravano tranquilli, assorti e concentrati nel lavoro, acquistando una calma e una serenità sorprendenti.

Evidentemente queste attività spontanee, che derivano dalle misteriose forze della vita interiore, erano state sopraffatte e nascoste dall'intervento energico e inopportuno dell'adulto, il quale credette di fare tutto pel bambino, sostituendo la sua attività a quella infantile e forzando il bambino a sottomettersi continuamente alla sua iniziativa ed al suo volere.

Noi, gli adulti, nell'interpretare e nel trattare il bambino, non abbiamo sbagliato soltanto in qualche dettaglio dell'educazione, o in qualche forma imperfetta di scuola; noi abbiamo presa una strada del tutto errata; e perciò si pone ora una nuova questione sociale e morale. Tra l'adulto e il bambino era sorto un dissidio che durava indisturbato da secoli: oggi il bambino ha scosso l'equilibrio sociale tra i due termini in lotta. È questo rivolgimento, che ci spinge all'azione, non soltanto verso gli educatori, ma verso tutti gli adulti – e specialmente i genitori.

La diffusione vastissima del nostro metodo, che ha informato scuole di ogni nazione, tra razze le più diverse di costumi e di civiltà, ha dimostrato l'universalità di un dissidio tra adulto e bambino, che pone l'uomo, fin dalla nascita, in uno stato di oppressione, tanto più pericolosa, quanto più è inconscia. E nelle civiltà considerate superiori, come la nostra, il dissidio si acutizza per le difficoltà dell'esistenza sociale e per il più evidente allontanamento dalla vita naturale e dalla libertà di azione. Il bambino che vive nell'ambiente creato dall'adulto, vive in un ambiente inadatto ai bisogni della sua vita – non soltanto fisica – ma anche, e soprattutto, ai bisogni psichici di sviluppo e di espansione intellettuale e morale. Il bambino è represso da un adulto più forte di lui, che di lui dispone e lo costringe ad adattarsi al suo ambiente, con la riflessione troppo ingenua che un giorno dovrà viverci come personalità sociale.

Quasi tutta l'azione cosiddetta educativa è pervasa dal concetto di provocare un adattamento diretto e perciò violento, del bambino al mondo adulto: adattamento basato sopra una sottomissione indiscutibile ed una obbedienza illimitata, e che conduce alla negazione della personalità infantile. Negazione per cui il bambino diviene oggetto di giudizi ingiusti, di ingiurie, di castighi che l'adulto non si permetterebbe mai con l'adulto, anche se si trattasse di persona a lui sottoposta.

Tale atteggiamento è così radicato che prevale anche nella famiglia verso il figlio più amato, e si intensifica poi nella scuola, che rappresenta quasi sempre il luogo ove si compie metodicamente l'adattamento diretto e prematuro alle necessità del mondo dell'adulto: e perciò vi si trova il lavoro forzato ed una dura disciplina, che pongono il delicato germoglio umano, in cui è il seme della più pura vita spirituale, in un ambiente a lui estraneo e nocivo. Molto spesso l'accordo educativo della famiglia e della scuola si risolve in un'alleanza di forti contro il debole – affinché quella voce incerta e timida non trovi mai un'eco nel mondo – e il fanciullo, che cerca di essere ascoltato ed è ferito nel cuore dall'ingiustizia, cade nell'oscurità spesso paurosa della sottomissione.

Mentre invece l'opera giusta e caritatevole dell'adulto verso il bambino, dovrebbe essere quella di preparargli « un ambiente adatto », diverso da quello ove opera l'uomo forte e già formato nei suoi caratteri. L'attuazione pratica dell'educazione, dovrebbe cominciare dalla costruzione di un ambiente, che ripari il bambino dagli ostacoli duri e pericolosi, che potrebbe opporgli il mondo dell'adulto. Il riparo dalle tempeste, l'oasi nel deserto, il luogo per eccellenza spirituale di pace, ove si possa attuare il comando « servite Domino in laetitia », dovrebbe essere appunto creato nel mondo per assicurare la sana espansione del bambino.

Non ci fu mai una questione sociale così universale, come quella che sorge dalla oppressione del bambino. Gli oppressi, che cercarono gradualmente il loro riscatto nello svolgersi della vita civile, furono sempre una casta limitata: gli schiavi, i servi, infine gli operai. Spesso la soluzione del conflitto si ebbe con la violenza, nella aperta lotta fra oppressi e oppressori. La guerra tra il Nord e il Sud America, promossa dal Presidente Lincoln per la soppressione della schiavitù; la rivoluzione francese contro le classi dominanti e infine le odierne rivoluzioni tendenti a realizzare principî economici nuovi, sono esempi di formidabili duelli tra gruppi di adulti, che si erano irretiti in un groviglio inesplicabile di errori.

Ma la questione sociale del bambino non ha limiti di casta, né di razza, né di nazione. Il bambino *non funzionando socialmente* è come, e solo, un'appendice degli uomini adulti. Quando uno dei mali che opprimono una parte dell'umanità a vantaggio di un'altra giunge a rimuovere la compagine sociale o ad essere soltanto percepito dalla coscienza collettiva, uno sguardo si abbassa a constatare che *là tra i sofferenti, gli oppressi, ci sono anche dei bambini*; quasi tutte le voci che si innalzarono a favore dell'infanzia, additarono il bambino innocente, vittima dei dolori che gravano sull'uomo adulto. Quell'appendice dell'adulto, debole, senza voce innanzi al diritto, colpì spesso il cuore, e richiamò sopra di sé uno speciale lamento di compassione, qualche atto particolare di carità. Si parlò di bambini oppressi e di bambini felici, di poveri e di ricchi, di abbandonati e di amati fino all'eroismo, rilevando così, riflessi nei germogli rinascenti dell'uomo, i contrasti che si vedevano tra gli adulti.

Infatti, chi è il bambino? È una riproduzione dell'uomo, che possiede quel germoglio come sua proprietà indiscussa. Mai schiavo fu tanto proprietà del padrone, come il bambino lo è dell'adulto. Mai ci fu servo la cui obbedienza fosse cosa indiscutibile e perpetua come quella del bambino all'adulto. Mai le leggi dimenticarono i diritti dell'uomo, come dinanzi al bambino. Mai ci fu operaio che dovesse lavorare così come voleva il padrone, senza appello possibile, come il bambino. L'operaio ebbe pure le sue ore di libertà e un rifugio familiare, ove la sua voce umana trovava eco in qualche cuore. Mai nessuno lavorò come il bambino, sempre sottomesso all'adulto che gli imponeva la lunghezza del lavoro e la lunghezza del sonno secondo i propri criteri inappellabili.

Il bambino fu giudicato socialmente come un essere « inesistente » in se stesso; e perciò si desiderò che i bambini potessero vivere nella casa confortevole degli adulti con la mamma provvida e il babbo lavoratore, capaci di curarli; e che le scuole rispecchiassero il più possibile lo stato della famiglia (scuola materna): sembrò questo il voto più ottimista che fosse possibile formulare per loro.

Ma il bambino come personalità a sé – diversa dall'adulto – non si era mai affacciato alla ribalta del mondo. Quasi tutta la morale e la filosofia della vita si orientò sull'adulto; e questioni sociali dell'infanzia per l'infanzia non furono mai poste.

Il bambino come personalità importante in se stessa – e che ha bisogni diversi dall'adulto da soddisfare, per raggiungere le altissime finalità della vita – non fu mai considerato. Egli fu visto come un essere debole aiutato dall'adulto: non mai come una personalità umana senza diritti, oppressa dall'adulto.

Il bambino come uomo che lavora, come vittima che soffre, come compagno migliore di noi, che ci sostiene nel cammino della vita, è una figura ancora sconosciuta. Su di essa esiste una pagina bianca nella storia dell'umanità.

È questa pagina bianca, che noi vogliamo incominciare a riempire.

IL NEONATO

Che cosa è la nostra civiltà? È un progressivo aiuto per render facile all'uomo l'adattamento al suo ambiente. Se è così, chi fa un cambiamento di ambiente più improvviso e più radicale di quello del bambino che nasce? Ed invece, quali cure ha creato la nostra civiltà per aiutare il neonato? Per quell'essere che deve sottostare all'adattamento più difficile passando improvvisamente, col nascere, da un'esistenza ad un'altra?

Ci dovrebbe essere perciò nella storia della civiltà umana una pagina prima di tutte le altre, che dovrebbe raccontare che cosa fa l'uomo civile per aiutare chi nasce ad adattarsi ad un ambiente del tutto diverso.

Invece non c'è nulla: la prima pagina del libro della vita si deve ancora scrivere, poiché nessuno ha cercato di scoprire le esigenze del nuovo essere umano.

Eppure l'esperienza ci fa coscienti di una terribile verità: che i mali della prima infanzia li portiamo con noi per tutto il resto della vita. La vita dell'embrione e le vicissitudini del bambino sono decisive (ciò è riconosciuto ormai universalmente) per la salute dell'adulto e per l'avvenire della razza. Come mai, allora, « la nascita », il momento più difficile che l'uomo abbia da superare in tutta la vita, non viene presa in considerazione? Come mai non si pensa che è questa una terribile e difficile crisi non soltanto per la madre, ma anche per il neonato?

Il dramma del neonato è il totale distacco dalla madre che, finora, ha fatto tutto per lui. Separato da lei ed abbandonato alle sue proprie deboli forze, egli deve ad un tratto compiere da solo tutte le funzioni della vita. Fino a questo momento era cresciuto adagiato là, dove un liquido tepido creato per lui, perché meglio potesse riposare, lo difendeva da ogni urto, da ogni squilibrio di temperatura; là ove mai non gli era giunto il minimo raggio di luce, né il più lieve rumore.

Ed ecco che egli lascia quell'ambiente per vivere nell'aria. Il cambiamento è repentino, senza successivi stadi di transizione: egli, che dianzi era in riposo, d'un tratto, si deve assoggettare al lavoro faticoso del venire alla luce. Il suo corpo è stritolato quasi, come se si costringesse un adulto a passare sotto una terribile macina da mulino, che gli spostasse e snodasse le giunture. Ed eccolo giunto a noi, esausto dal terribile contrasto fra il perfetto riposo e l'inenarrabile sforzo testé compiuto. Egli è spossato, ferito come un pellegrino che venga a noi da lontani paesi. E noi, che cosa facciamo per riceverlo, per aiutarlo? Tutti sono affaccendati intorno alla madre. Il medico gli getta sì uno sguardo superficiale, per stabilire se è sano e vitale, come se dicesse: « Ora sei vivo e sano, aggiustati come puoi! » I parenti lo contemplano con gioia commossa: il loro egoismo è all'apice della felicità nel ricevere questo dono di Dio: « È nato un bel bambino; è nato un figlio. » Il bambino soddisfa e realizza una felice speranza: l'adulto ha un figlio, e la sua presenza nella famiglia riunisce tutti in un sentimento d'amore.

Il padre forse vorrà vedere quegli occhi, e cercherà di aprirli per sapere di che colore siano quegli occhi che un giorno lo guarderanno.

Ma, mentre si pensa a fare il buio ed il silenzio intorno alla madre, che è stanca, chi pensa a lasciare nel buio e nel silenzio il bambino che pure è stanco, perché possa adattarsi a poco a poco al nuovo ambiente? Nessuno vede nel bambino appena nato, l'essere umano che soffre, né pensa all'estrema sensibilità di un corpicino che nessuno ha mai toccato, alle sue reazioni alle innumeri nuove impressioni fisiche, ad ogni contatto inusato.

Si dice: la natura provvede da sé. Essa dà l'aiuto necessario e, del resto, ogni essere vivente deve superare la stessa prova.

Però la civiltà ha creato nell'uomo una seconda natura, che soverchia la prima e le impedisce di esplicarsi liberamente, come succede per gli altri esseri della creazione. Se osserviamo gli animali, la madre nasconde i suoi piccoli e li ripara dalla luce per un dato tempo e li copre col tepore del suo morbido corpo. Essa è gelosa di loro, non permette che gli estranei si avvicinino, non ammette che i suoi piccoli siano spostati, né guardati.

Per il neonato, invece, né la natura, né la civiltà si prendono cura di alleviare il duro adattamento dell'essere più nobile e più delicato della Creazione.

Si pensa che quando il bambino abbia salva la vita, ciò basti: l'unica meta visibile è che non vada perduto lo sforzo di esistere. Il neonato rimasto rattrappito dall'origine, è subito vestito, anzi, un tempo era avvolto in fasce e le sue fragili membra stese per forza.

Si dirà che il bambino è robusto, che si adatta e resiste: ma noi non abbiamo forze di resistenza, di adattamento? E perché, allora, ci scaldiamo d'inverno, ed abbiamo tappeti morbidi e poltrone comode e cerchiamo di renderci la vita facile e gradevole? Non siamo noi più forti del bambino appena nato? E perché non viviamo abbandonati in un bosco, giacché siamo forti?

Anche la morte, come la nascita, è una legge di natura, alla quale tutti devono sottostare. Perché si cerca di alleviare in tutti i modi quel terribile momento, perché, anche sapendo di non poter vincere la morte, si vuole almeno renderla meno penosa, ed invece non si pensa affatto ad alleviare le sofferenze della nascita?

Vi è dunque in noi un vuoto strano: è qualcosa di cieco nel nostro spirito e nella civiltà che abbiamo costruita: qualcosa che è simile alla macchia cieca nel fondo dell'occhio: la macchia cieca nel fondo della vita.

Si dovrà giungere alla piena comprensione della stasi del neonato, ed apparirà allora la necessità assoluta di rendere agevole l'inizio della nuova vita infantile. Il bambino che nasce dovrà divenire oggetto di cure sapienti. Prendere il bambino appena nato è cosa molto delicata: non si può muoverlo se non con estrema lentezza. Si capirà che nel primo momento, nel primo mese, il bambino va lasciato tranquillo. Nella storia, infatti, del vestiario dei neonati si trova una graduale diminuzione fino al giorno d'oggi in cui è ridotto a pochissimo: si capirà che il bambino deve rimanere nudo riscaldato dal calore dell'ambiente, anzi che da indumenti e vestiario, in quanto egli non ha molto calore per resistere alla temperatura esterna e il vestito lo aiuta poco.

Ora non voglio insistere su questo argomento perché sono certa che ogni donna potrebbe dirmi che ignoro le cure prestate al bambino nel rispettivo paese; ma io dovrei rispondere che conosco tali cure, le ho studiate in diversi paesi, osservandole appassionatamente, ed ho trovato che manca, e lo ripeto, manca la coscienza necessaria per accogliere degnamente l'uomo che nasce.

È vero che si fa tutto quello che si può, ma che cosa è progresso, se non vedere quello che prima non si vedeva e fare ciò che non si faceva, aggiungendo nuove cose a ciò che sembrava completo e perfetto?

Il bambino non è compreso degnamente in nessun luogo.

Il celato timore che il bambino ci rechi danno o ci procuri fastidio lo mostriamo già nei primi momenti: noi abbiamo quasi come un istinto di difesa contro di lui, ed un istinto di gelosa difesa e di avarizia per le cose che possediamo, anche se non valgono niente.

E da quel momento si va avanti così; sempre l'anima dell'adulto ribadisce questo fatto: badare che il bambino non deturpi, non insudici e non disturbi, non impedisca il tranquillo svolgersi della nostra vita quotidiana.

Quando si ha in casa un bambino, bisogna non solo correre a salvare tutte le cose e magari fuggire per non essere disturbati; bisogna per di più combattere i cosiddetti suoi capricci, perché non sia vittima di essi e diventi una persona bene educata. Ecco quello che sembra il primo dovere morale.

Ma nel compierlo, commettiamo profondi errori di

incomprensione e teniamo per capricciosi alcuni atti del bambino, che non lo sono affatto.

V'è ad esempio, un istinto che comincia a rivelarsi nel primo anno di età e ha la sua massima manifestazione verso i due anni: il bisogno del bambino, per costruire la propria mente, di vedere le cose sempre nello stesso posto e nell'uso cui sono destinate. Se questo non avviene e qualcuno perturba l'ordine o la destinazione degli oggetti, egli è offeso e ferito, si crea per lui un ostacolo ed egli si difende difendendo le cose, facendole rimanere quanto più può nello stesso modo, come gli occorre che siano.

È un vero bisogno di vita, e noi lo vediamo nelle nostre scuole, dove i bambini piccolissimi hanno l'istinto di mettere tutte le cose al loro posto e di ritrovarle così come le avevano vedute.

Diamo qualche esempio.

Un bambino vede dell'arena per terra e la sta guardando; la madre si accorge dell'arena sparsa sul pavimento e la spazza via. Il bambino si mette a piangere disperatamente e la madre non lo comprende; il bambino va a prendere l'arena e la mette nello stesso posto dove era prima e si mette a guardarla ancora; allora la madre capisce la ragione del pianto e crede che si tratti di un capriccio.

Un'altra madre ha caldo, si leva il mantello e lo mette sul braccio; il bambino si mette a piangere e nessuno sa perché; la madre rimette il mantello e il piccolo si calma: aveva visto una cosa fuori posto e questo lo aveva turbato.

L'adulto pensa di correggere il bambino da questi difetti: ma vorrei fosse chiaro che è inutile correggere difetti che egli non avrà più quando sarà adulto; un adulto non si metterà certo a piangere se la signora che è con lui si toglie il mantello!

Se noi non comprendiamo il fatto in se stesso e lo crediamo un capriccio, dobbiamo capire almeno che il difetto sparirà, e che perciò è inutile preoccuparsene. Quando ci siamo avviati su questa strada, cominciamo a capire molte cose e ad amare il bambino con i suoi bei difettucci, che non ci saranno più nell'adulto malizioso e complicato; direi che ne godiamo ed arriviamo a rattristarci pensando che sono destinati a sparire.

Un altro esempio: un bambino di due anni al quale la bambinaia fa il bagno sempre nella stessa bagnarola, sempre nello stesso modo; poiché questa deve assentarsi, si fa sostituire da una collega. Con la nuova bambinaia il bambino piange ogni volta che deve fare il bagno e non si capisce perché. Tornata la vecchia chiede al bambino: « Perché piangevi? Non era buona quella donna? » Il bambino rispose: « No, perché mi metteva nel bagno a rovescio. » Dove una metteva la testa, l'altra metteva i piedi. Il bisogno di vedere le cose sempre uguali, fa parte della sua vita ed egli lo difende come può: questa difesa noi la chiamiamo « il capriccio » del bambino.

L'EMBRIONE SPIRITUALE

L'« embrione spirituale » è il neonato, considerato come spirito chiuso nella carne per venire al mondo.

La scienza considera invece l'essere nuovo venuto dal nulla. È allora carne, ma non spirito; si verifica solo in lui lo sviluppo di tessuti e di organi che compongono un tutto vivente. Anche questo è un mistero: come mai quel corpo complesso e vivente è venuto su dal nulla?

La figura del neonato è l'impressionante punto di partenza. Il bambino nasce inerte ed inerte rimarrà a lungo, incapace di tenersi diritto, bisognoso di cure come un infermo, come un paralitico; il bambino, muto, non farà sentire la sua voce, per molto tempo, che nel pianto, nel grido della sofferenza; egli farà accorrere verso di lui come verso un essere che invoca soccorso. Solo dopo molto tempo, dopo mesi, un anno intero ed anche più, cesserà d'essere infermo; sarà il corpo dell'uomo-bambino. E dopo ancora mesi ed anni, la sua voce sarà la voce di un uomo.

Determinati fenomeni psichici e fisiologici di crescenza avranno così realizzato la « incarnazione ».

Incarnazione è il processo misterioso d'una energia che animerà il corpo inerte del neonato e gli darà l'uso delle sue membra, la facoltà delle parole, il potere di agire e di esprimersi secondo le proprie volontà: così l'uomo sarà incarnato.

È infatti impressionante che il bambino nasca e si mantenga così a lungo inerte, mentre i piccoli dei mammiferi, quasi subito dopo la nascita, o almeno dopo brevissimo tempo, già si sostengono, camminano, corrono dietro la madre, hanno il linguaggio proprio alla loro specie, per quanto ancora flebile ed imperfetto. I gattini miagolano veramente, gli agnelli hanno timidi belati, il cavallino nitrisce – flebili voci: il mondo non risuona tuttavia di grida e di lamenti degli animali neonati. Il tempo della loro preparazione è rapido, questa preparazione facile; gli animali nascono, si potrebbe dire, già animati dall'istinto che determinerà le loro azioni. Poco dopo la nascita può così notarsi la felina agilità della piccola tigre, o come salterà il capriolo, rimasto in piedi appena nato. Ogni essere che viene al mondo non è solo un corpo fisico; esso ha latenti in sé funzioni che non sono quelle dei suoi organi fisiologici, ma sono le funzioni che dipendono dall'istinto. Tutti gli istinti si manifestano col movimento e rappresentano caratteri della specie, che sono anche più costanti e distintivi della stessa forma del corpo. L'animale, come dice la parola, è caratterizzato dall'animazione, dall'anima, non dalla forma. Possiamo mettere insieme tutti questi caratteri che non appartengono all'organismo vegetativo e chiamarli caratteri psichici. Ora questi caratteri si trovano già negli animali fin dalla nascita: perché proprio l'uomo-bambino ne è sprovvisto?

Una teoria scientifica spiega che i movimenti degli animali sono la conseguenza di esperienze fatte dalla specie in epoche precedenti e trasmesse per eredità. Perché proprio l'uomo è così restio a ereditare dai suoi avi? Eppure gli uomini hanno sempre camminato eretti, hanno sempre parlato un linguaggio articolato, hanno avuto cura di tramandare ai discendenti ciò che avevano appreso.

Deve esserci una verità nascosta sotto queste contraddizioni. Ricorriamo per un momento ad un paragone assai lontano dall'argomento: il paragone con gli oggetti che noi stessi produciamo. Ci sono oggetti che si producono a serie, tutti uguali tra loro: si producono in fretta, con uno stampo o con una macchina. Altri oggetti si fanno a mano, lentamente, e ciascuno è differente dall'altro. Il pregio degli oggetti fatti a mano è che ciascuno porta l'impronta diretta dell'autore: l'impronta dell'abilità di una ricamatrice; quella del genio se si tratta di un'opera d'arte. Così potrebbe dirsi della differenza psichica tra l'animale e l'uomo: l'animale è come l'oggetto fabbricato a serie; ogni individuo riproduce subito i caratteri uniformi fissati in tutta la specie. L'uomo invece è come l'oggetto lavorato a mano: ognuno è diverso dall'altro, ognuno ha un proprio spirito creatore, che ne fa un'opera d'arte della natura. Ma il lavoro è lento ed è lungo. Prima che appariscano gli effetti esterni, deve esserci stato un lavorio intimo, che non è la riproduzione di un tipo fisso, ma la creazione attiva di un tipo nuovo: quindi un enigma, un risultato a sorpresa. Siffatto lavoro è rimasto per lungo tempo interiore, proprio come avviene per l'opera d'arte, che l'autore custodisce nella intimità dello studio, e la modifica e la trasforma prima d'esporla al pubblico.

Il lavorio attraverso cui si forma la personalità umana, è l'opera occulta dell'incarnazione. L'uomo inerte è un enigma. La sola cosa che si sa di lui è che potrà tutto, ma non è possibile sapere chi sarà, o che cosa farà il neonato che ci sta dinanzi. Un corpo inerte contiene il più complesso meccanismo tra quelli di tutti gli esseri viventi, ma ciò è a lui proprio. L'uomo appartiene a se stesso: egli deve incarnarsi con l'aiuto della propria volontà. I musicisti, i cantanti dalla voce sublime, gli artisti, gli sportivi, i tiranni, gli eroi, i delinquenti, i santi, tutti hanno avuto eguale nascimento; tutti hanno portato con sé un enigma che solo lo svilupparsi del singolo individuo potrà far decifrare con le sue attività nel mondo.

Il fenomeno del bambino inerte alla nascita è stato sempre constatato dando luogo a riflessioni filosofiche, ma non ha finora attirato l'attenzione dei medici, né degli psicologi, né degli educatori: è rimasto uno dei tanti fatti evidenti, sui quali non c'è da fare altro che constatarli. Molti fenomeni restano così per lungo tempo messi da un lato, chiusi a chiave tra i depositi del subcosciente. Nella pratica della vita consueta, però, queste condizioni della natura infantile hanno portato molte conseguenze, che rappresentano un gran pericolo per la vita psichica del bambino. Esse hanno fatto pensare, erroneamente, che non fossero passivi soltanto i muscoli, cioè che non fosse inerte soltanto la carne, ma che il bambino stesso fosse inerte: un essere passivo, e vuoto di vita psichica. E innanzi allo spettacolo magnifico sì, ma tardivo della sua espansione, l'adulto si convinse erroneamente di essere lui ad avere animato il bambino con le sue cure e coi suoi aiuti. E se ne fece un dovere e una responsabilità: l'adulto apparve a se stesso come il plasmatore del bambino, e il costruttore della sua vita psichica. Suppose di poter compiere dal di fuori un'opera creativa, stimolandolo, dandogli direttive e suggestioni, per sviluppare nel bambino intelligenza, sentimento e volontà. L'adulto si è attribuito un potere quasi divino: ha finito per credere di essere lui il Dio del bambino, ed ha pensato di se stesso ciò che è detto nella Genesi: « Io creerò l'uomo a mia immagine e somiglianza. » La superbia è stato il primo peccato dell'uomo: il sostituirsi a Dio è stata la causa della miseria di tutta la sua discendenza. Infatti se il bambino porta in sé la chiave del suo proprio enigma individuale, se ha direttive di sviluppo ed un dato piano psichico, egli le ha allo stadio potenziale, estremamente delicate nei loro tentativi di realizzazione. Ora, l'intervento intempestivo dell'individuo adulto, volitivo, ed esaltato dal suo illusorio potere, può cancellare quei disegni o deviarne le occulte realizzazioni. Sì, l'adulto ha potuto contrariare il divino disegno fin dalle origini dell'uomo: e così via via, di generazione in generazione, l'uomo crebbe deformato nella sua incarnazione. Il gran problema è questo: il bambino possiede una vita psichica attiva anche quando non può manifestarla, perché deve a lungo elaborarne nel segreto le difficili realizzazioni.

Questo concetto fa apparire una verità impressionante: quella di un'anima imprigionata, oscura, che cerca di venire alla luce, di nascere, di crescere, e che va, poco a poco, animando la carne inerte, chiamandola col grido della volontà, affacciandosi alla luce della coscienza con lo sforzo di un essere che viene al mondo. Ma nel nuovo ambiente, è un altro essere, dal potere enorme, gigantesco, che lo attende e lo domina. Nulla è preparato per accogliere questo magnifico fatto dell'incarnazione di un uomo. Nessuna protezione è prevista per un'impresa così delicata; uno sforzo così difficile non ha aiuti; e tutto diventa di ostacolo.

Il bambino che si incarna è un embrione spirituale che deve vivere, per se stesso, nell'ambiente. Ma come l'embrione materno, così questo embrione spirituale ha bisogno di essere protetto da un ambiente esterno animato, caldo d'amore, ricco di nutrizione, dove tutto l'accolga e niente l'ostacoli.

Una volta capita questa realtà, l'adulto deve mutare atteggiamento verso il bambino. La figura del bambino, embrione spirituale che si sta incarnando, ci scuote, ci impone nuove responsabilità. Quel corpicciolo tenero e grazioso che adoriamo ricolmandolo di cure soltanto fisiche, e che è quasi un giocattolo nelle nostre mani, assume un altro aspetto e incute riverenza. *Multa debetur puero reverentia.*

L'incarnazione avviene a prezzo di occulte fatiche; attorno a questo lavoro creatore, si svolge un dramma sconosciuto che non è ancora scritto. Nessun essere creato può concepire la sensazione della volontà che ancora non esiste, ma che dovrà comandare a cose inerti, per farle attive e disciplinate. Appena una vita incerta e delicata affiora alla coscienza, mettendo i sensi in rapporto con l'ambiente, eccolo slanciarsi attraverso i muscoli, nel perpetuo sforzo di realizzarsi. È necessario che questo occulto sforzo del bambino ci sia sacro. È necessario che questa manifestazione laboriosa ci trovi pronti, perché è in questo periodo creatore che si determina la futura personalità dell'uomo. Innanzi a tale responsabilità, sorge il dovere di lavorare per sondare, con l'aiuto di mezzi scientifici, i bisogni psichici del fanciullo e preparargli un ambiente vitale. È la prima parola di una scienza dal lungo sviluppo; alla quale l'adulto dovrà offrire la collaborazione della propria intelligenza, perché gli occorrerà lavorare molto prima di poter dire l'ultima parola sulla conoscenza dello sviluppo umano.

MAESTRO D'AMORE

Il bambino è sensibilissimo a tutto ciò che sente dall'adulto e vorrebbe tanto obbedirgli; noi non abbiamo idea di come egli sia pronto ad obbedirci fin nelle fibre del suo corpo, in modo perfetto, sempre: anzi, questo è ciò che lo caratterizza. Ecco un piccolo aneddoto: un bambino mette la pantofola sul letto e la mamma gli dice: « Questa è una cosa sudicia, la pantofola non si mette lì », e pulisce con una mano la coperta. Allora il bambino ogni volta che vede una pantofola riflette e dice: « È sudicio! » e con le mani va a pulire la coperta del letto.

Che cosa vogliamo di più? Il bambino è sensibile a un punto estremo, impressionabile in modo tale che l'adulto dovrebbe sorvegliare tutti gli atti e le parole, perché esse gli rimangono scolpite nella mente. Egli è tutto obbedienza, perché l'obbedienza è la vita per lui.

L'adulto è un essere venerabile, amato, dalla cui bocca sgorga la sapienza che lo guida; ed egli ne rimane colpito, come se un proiettile spirituale gli entrasse nel cuore.

Dinanzi ad un capriccio dobbiamo pertanto pensare che questo possa essere un atto vitale, una difesa profonda, e riflettere che il bambino è sempre pronto ad amarci ed obbedirci.

Il bambino ama l'adulto: ciò deve essere presente al nostro spirito. Diciamo: « Come l'adulto ama il bambino! come la madre ama il bambino! » Perfino della maestra si dice: « Come ama i bambini! »

Dicono che bisogna insegnare ai bambini ad amare la madre, il padre, la maestra; bisogna insegnar loro ad amare tutto e tutti. E chi è questo maestro di amore, che vuole insegnare ai bambini ad amare? Colui che giudica capricci tutte le loro manifestazioni e che pensa alla propria difesa contro di loro? L'adulto non può diventare maestro d'amore senza un esercizio speciale e senza aprire gli occhi della coscienza, per vedere un mondo più vasto.

Il bambino ama moltissimo l'adulto. Quando va a letto vuole sempre vicina una persona amata. E la persona amata dice: « Bisogna impedire questo capriccio: il bambino non deve prendere la cattiva abitudine di non sapersi addormentare senza una persona vicina. »

Oppure: « Il bambino vuol venire a tavola con noi, e piange se non lo si lascia, come se pretendesse che noi non mangiassimo! » Questa è la voce dell'adulto, senza amore per il bambino.

Il bambino desidera di essere presente quando i suoi cari mangiano; egli non mangia, è un piccino nel primo anno di età e prende solo latte. Eppure piange mentre noi mangiamo e se lo tenessimo a tavola con noi non piangerebbe; oppure piagnucola quando chi mangia si dimentica di lui: egli vuol essere guardato e considerato nella conversazione.

Chi mai piangerà un giorno per l'immenso desiderio di vederci, sia pure digiunando, mentre noi mangiamo?

E quanto tristemente diremo un giorno: « Non c'è nessuno che piange per il desiderio che io gli sia vicino quando sta per addormentarsi. Tutti pensano a sé, si addormentano pieni di pensieri per la giornata trascorsa, nessuno si ricorda di me! »

Solo il bambino si ricorda ed ogni sera dice: « Non mi lasciare, sta qui vicino a me! » e l'adulto: « Non posso, ho da fare, e poi, che capriccio è questo? » e si pensa a correggerlo, perché altrimenti farebbe tutti schiavi del suo amore!

Talvolta il bambino si sveglia alla mattina e va a svegliare babbo e mamma che vorrebbero dormire: questo è il capriccio di cui in genere tutti si lagnano. Ma il bambino che scivola dal letto è un essere puro che fa quello che dovrebbero fare tutti; quando sorge il sole tutti dovrebbero alzarsi, ma i genitori stanno ancora dormendo e questo piccolo essere va da loro, quasi per dire: « Imparate a vivere santamente, la mattina ci si sveglia. » Il bambino, però, non è un maestro, egli va solamente a guardarli perché li ama; appena desto, il suo desiderio lo porta dalle persone amate; dovrà forse attraversare stanze ancora buie, chiuse per non far penetrare la luce anzi tempo; il bambino va, inciampa, non ha paura delle tenebre, non ha paura delle porte semichiuse ed arriva vicino al padre ed alla madre e li tocca dolcemente. Quante volte si dice: « Bambino, non mi svegliare la mattina! » E il bambino risponde: « Io non ti ho svegliato, ti ho dato solo un bacio! » E i genitori pensano alla maniera di correggerlo. Ma quando mai succederà nella vita che qualcuno, appena desto, desideri di correre da noi, superando ogni difficoltà, senza l'intenzione di svegliarci, ma solo per vederci e darci un bacio? Chi mai farà questo per noi?

Diciamo che il bambino si deve correggere da questi capricci, eppure questi fatti di amore non sono indifferenti per noi.

Il bambino che ama sveglia, non soltanto al mattino, il padre e la madre, che dormono troppo e spesso si addormentano nella vita! Tutti noi abbiamo la tendenza a dormire sulle cose e occorre un essere nuovo che ci svegli e ci tenga desti, con modi che non sono i nostri, qualche essere che agisca diversamente da noi ed ogni mattino venga a dirci: « Guarda, c'è un'altra vita, vivi meglio. »

Vivere meglio, perché l'uomo andrebbe degenerando, e il bambino lo aiuta a salire. Se l'adulto non ne fa caso, si perde; a poco a poco si ricopre di una crosta dura e diventa insensibile.

L'EDUCAZIONE NUOVA

Si sente ripetere da molte parti che l'educazione deve cominciare fin dalla nascita. Però, come fare, rimane un punto interrogativo. Sembra qualche cosa di assolutamente teorico e di irrealizzabile in pratica, a meno che non si voglia intendere come cura igienica del bambino; ci sono dei medici che hanno pensato di far fare una ginnastica speciale ai bambini nel primo anno di età, muovendo loro braccia e gambe ed aiutandoli a conquistare quei movimenti che dovranno compiere un giorno. Noi comprendiamo che questo è un errore, abbiamo la sensibilità di riconoscere che il povero neonato ha tanto da fare e che è offeso da questa specie di educazione. Però, invece di limitarci a questa sensibilità, possiamo rispondere con un principio chiaro: che concepire l'educazione del neonato a quel modo è un errore, perché noi sappiamo che l'adulto che muove le membra del bambino sostituisce la sua azione a quella del bambino, applicando un errore che è universale. L'adulto non deve sostituirsi al bambino, ma deve ritrarsi sempre nella passività e procedere sempre nella più profonda comprensione del bambino.

I movimenti devono venire dall'interno, dettati dall'organizzazione della vita interiore; è questa organizzazione, che noi abbiamo chiamato *incarnazione*.

I muscoli non si possono considerare nel giusto sviluppo se non sono al servizio della volontà. I movimenti sono l'espressione di una personalità che agisce. Noi non possiamo fare altro che aspettare che la vita si organizzi; però dobbiamo sviluppare in noi la possibilità di poterla comprendere mentre si svolge, mancando essa di possibilità di espressione e specialmente di linguaggio, il quale solo ci potrebbe esprimere in modo preciso la volontà dell'individuo. Questa maggiore comprensione si acquista a poco a poco, ma è evidente che bisogna prima avere una fede, una certezza: che esiste qualche cosa da osservare.

Noi generalmente prendiamo il bambino e lo mettiamo da una parte, considerandolo come un corpo vegetante o un individuo incomodo perché richiede molte cure e disturba l'adulto col pianto; l'abbiamo messo da parte per molto tempo, fino a che non ha compiuto un'opera colossale, per un anno, senza occuparci della sua vita psichica. È vero che le religioni hanno considerato la personalità umana anche nel piccolo bambino; i cristiani battezzano il bambino, giacché in esso v'è un'anima e ne riconoscono la vita psichica. Però, malgrado questo, non considerano l'individualità latente, che è in lui, in un periodo di importanza fondamentale per tutto lo sviluppo della personalità. Poiché un errore è tanto più nocivo quando le conseguenze ricadono su qualcosa in via di sviluppo, che non quando ricadono su cosa che ha già raggiunto il suo intero sviluppo; così un errore per cui sia turbato lo sviluppo del bambino è di particolare gravità, perché può influire su tutto l'insieme della personalità che si deve formare. Dobbiamo comprendere perciò come questo problema sia d'una fondamentale importanza non solo nell'educazione, ma nella storia dell'umanità.

Noi dovremmo cercare d'osservare quelle lievi manifestazioni, che dimostrano come la vita psichica del bambino si sviluppi subito fin dalla nascita, e abbia già acquistato uno svolgimento assai notevole sin dai primi mesi d'esistenza.

Il piccolo bambino, anche quando è un po' cresciuto, è definito dagli educatori come una *cera molle*, che si può plasmare a modo proprio. Ora l'idea è vera nella definizione della *cera molle*, ma l'errore è che l'educatore debba approfittare di questa condizione per plasmare il bambino. Invece il bambino deve egli stesso plasmare tale sua cera molle; è questa la condizione *sine qua non*, il principio perché il bambino sia veramente animato anche nei suoi organi di espressione. L'individuo adulto, padrone onnipossente di questi piccoli esseri, può cancellare gli abbozzi di forma che il bambino comincia a dare alla propria *cera molle*, con un intervento cieco, barbaro ed inopportuno; se dicessimo con un intervento infernale, diabolico, non diremmo troppo.

Dice una leggenda giapponese che i bimbi morti ed assunti a vita eterna, nell'al di là si affaticano a costruire piccole torri con tante piccole pietre e che dei demoni malvagi abbattono queste piccole torri, più presto che i bambini non le costruiscano. Questa sarebbe la dannazione del bambino.

Ebbene, l'azione dell'adulto è proprio questa azione,

la quale, anche se non c'entra la volontà, è diabolica nei suoi effetti di distruzione e disgregamento di tutto ciò che il bambino va costruendo laboriosamente e delicatamente nella sua vita interiore; l'adulto non se ne accorge, il bambino ricomincia, l'adulto ancora distrugge. Questa lotta avviene fin da quando il bambino è assolutamente inerme ed ancora non sa organizzare i propri movimenti, né parlare.

Si comprende allora come in un periodo così delicato sia importante l'educazione (ancora più importante che in seguito), nel senso che l'adulto si faccia passivo, che non intervenga ciecamente o inopportunamente, per non diventare una forza disgregante e distruggitrice.

Per tornare all'inferno ed al diavolo, noi possiamo avere presenti due idee: che la bontà divina crea e il male diabolico distrugge. Noi possiamo scegliere la nostra strada come educatori, e per sceglierla occorre con la nostra sensibilità comprendere l'azione necessaria per aiutare la costruzione del bambino, comprendere ciò che bisogna inibire a noi stessi per non diventare demoni, cioè distruggitori. Chi crea è il bambino, certamente non siamo noi. Quest'idea deve essere chiara, ma non è facile che lo sia nelle menti comuni, perché viviamo nel pregiudizio di essere noi, adulti, i creatori della nuova vita. Occorre dunque un lavoro di depurazione, dobbiamo liberarci dal pregiudizio di questa nostra inopportuna e diabolica illusione di onnipotenza.

Fatto questo, dobbiamo cercare di comprendere meglio la personalità del bambino. Intanto il primo dovere per l'educatore, sia che si debba occupare del neonato o del fanciullo, è di riconoscere la personalità umana dell'essere nuovo, e di rispettarla. Quando non vogliamo ammettere il bambino che ci dà fastidio dove noi viviamo, ma lo releghiamo in un altro luogo, questa è mancanza di rispetto. Prima di accompagnare una persona rispettabile, le domandiamo se lo permette, così dovremmo fare prima di condurre a spasso il piccolo bambino e non si sbaglierebbe. Se stiamo a pranzo e il bambino è in un'altra stanza e ci accorgiamo che piange perché non vuole essere lasciato fuori dalla famiglia, gli manchiamo di rispetto tenendolo fuori dal nostro ambiente; dobbiamo pensare, come si fa con una persona di riguardo, che il bambino ci vuol fare l'onore di assistere al nostro pranzo, e dobbiamo essere felici di ciò e mettere il bambino vicino a noi. Si potrà dire che questo igienicamente fa danno al bambino, ma non bisogna troppo preoccuparci di questo, perché tante cose gli fanno male e noi lasciamo correre; diciamo piuttosto, secondo verità, che ci dà fastidio quest'ospite, senza cercare di scusarci.

Farà meraviglia sentire che il piccolo bambino è un osservatore assai profondo, e che ha visto cose che noi non avremmo immaginato che avesse potuto osservare, tanto che crediamo conveniente, quando vogliamo destare la sua attenzione, di mettergli dinanzi dei colori vivaci, o di fargli impressione con gesti e voci alte. Non sappiamo che il bambino ha una grande capacità di osservazione ed assorbe con veemenza tante immagini, e non solo immagini di cose, ma anche di azioni. Il bambino nel suo mondo psichico assorbe immagini di cose, e corrispondenze fra cose e cose, ed il suo sviluppo è già molto avanzato, quando non ne supponiamo nemmeno l'esistenza. Per esempio, un bambino di quattro settimane, non ancora uscito dalla casa dove è nato, ha visto solo due uomini, suo padre e suo zio separatamente; un giorno li vede insieme, vicini. Il bambino ha un'espressione di stupore e guarda l'uno e l'altro lungamente; padre e zio stanno fermi davanti al bambino per dargli il tempo di osservarli. Se i due se ne fossero andati o avessero detto qualcosa che lo distraesse, il bambino non avrebbe potuto raccogliersi in quel lavoro di discernimento che lo ha impressionato profondamente. Le due persone poi, si sono separate, ma lentamente, affinché egli potesse aver tempo di guardare l'una e l'altra e persuadersi che erano due persone distinte. Ecco un esercizio dell'adulto educatore che aiuta il bambino nelle sue costruzioni interiori primitive.

Voglio dare altri esempi di bambini che non camminano e non parlano ancora.

Una persona portava in braccio un bambino di pochi mesi. Il piccolo vede nella stanza da pranzo delle pitture che raffigurano delle frutta, le guarda, e fa l'atto di mangiarle; egli ancora succhiava il latte, aveva però visto i gesti degli adulti quando mangiano. Allora la persona che lo portava, accortasi dell'interesse e del godimento del bambino, si trattiene con lui dinanzi al quadro, finché il suo interesse non si è esaurito.

Questa persona è stata un educatore,· permettendo al bambino di fare un esercizio interiore, manifestato dall'atto di riprodurre ciò che aveva visto fare dagli adulti.

Un altro esempio. In una sala c'erano statue rappresentanti dei ballerini; un piccolo bambino, quando le vedeva cominciava a ballare; egli aveva dunque visto ballare, s'era accorto che chi balla assume quelle posizioni che aveva riconosciuto nelle statue.

I bambini si avvedono che in una stanza si trovano sempre gli stessi oggetti. Se una persona pone là qualche cosa che prima non c'era, il bambino osserva proprio quella cosa nuova che non c'era mai stata e si chiede che cosa sarà. Voglio citare il caso di una bambina piccolissima che, portata a spasso nella sua villa, aveva visto una lapide vicino ad un muro; questa lapide l'aveva impressionata ed ogni volta che usciva voleva fermarsi per vedere e poi era soddisfatta.

Senza dubbio il bambino ama la luce, i fiori, ama veder muovere gli animali, e questo si comprende perché sappiamo che il bambino è un osservatore finissimo che sa ordinare le immagini. Il bambino si muove per soddisfare la sua passione di osservare. Egli osserva la bocca dell'individuo adulto che parla. Noi riteniamo che per richiamare l'attenzione del bambino su di noi sia necessario gridare, chiamarlo per nome; e non è vero; perché se invece di parlare facciamo dei piccoli movimenti con le labbra in modo chiaro, il bambino pone tutta la sua attenzione ai nostri movimenti. È qualche cosa che lo affascina, perché risveglia in lui la sensibilità ad un lavoro che deve compiere: si è iniziato cioè il periodo sensitivo del linguaggio. Se si tiene un bambino di soli quattro mesi vicino a una persona che faccia solo dei movimenti con la bocca, si vedrà il suo enorme interesse. Evidentemente questi movimenti gli piacciono più delle cose della natura, perché stimolano in lui quella capacità imitativa, che coincide poi con la sua necessità di sviluppo interiore.

Passiamo ai bambini più grandi. Ho visto dei padri giapponesi avere dei bambini una comprensione assai più profonda di quella che abbiamo noi. Uno di questi accompagnava a passeggio il suo bambino di due anni e quando questi si metteva a sedere sul marciapiede, il padre non gli diceva: « C'è polvere, che capriccio! andiamo via! », ma aspettava pazientemente finché il bambino si fosse alzato per proseguire il suo cammino. Anche questo è un esercizio di educatore, perché questo padre sottometteva la sua personalità dominante a quella del bambino, rispettandone l'attività. Ho visto pure uno di questi padri che stava con un piede discosto dall'altro, perché il bambino si divertiva a girare intorno fra le gambe del babbo. Questo povero uomo rimaneva serio e pensoso nella sua posizione. Ammirai molto questa sapienza di educatore che molti popoli hanno già acquistato o forse hanno saputo mantenere per tradizione: noi invece siamo preoccupati soltanto di ciò che sarà dell'adulto nella vita sociale.

Vidi una madre, che pure aveva seguito uno dei nostri corsi, mentre conduceva il suo bambino per una via di Milano. Si diffondeva nell'aria un suono di campane e il bimbo desiderava fermarsi ad ascoltare quel suono; ma la madre rifiutò al bambino quella gioia e lo costrinse a continuare il cammino rimproverandolo. Come si vede, non è facile indurre l'adulto ad un costante atteggiamento di passività nei riguardi del bambino. Ed è pure necessario che l'individuo adulto cerchi di acquistare un'intelligenza delle necessità infantili e sappia frenare il proprio orgoglio di plasmatore. È necessaria l'autoeducazione della propria vita interiore.

Oggi invece noi siamo soltanto preoccupati che il bambino abbia aria buona e sole, due cose eccellenti, che però sono utili soltanto al corpo; ma se i raggi del sole bastano al corpo del bambino, nel suo mondo psichico non c'è, per così dire, un raggio di sole. È la costruzione interiore, propria del bambino, lenta, delicata e fondamentalmente importante che l'adulto distrugge con la sua forza e la sua cecità.

Ora, la sensibilità che l'adulto deve acquistare, è quella di riconoscere tutti i bisogni del bambino; solo così egli potrà dargli quell'aiuto che gli è necessario. Se si volesse stabilire un principio, diremmo essere necessaria la partecipazione del bambino alla nostra vita, perché nell'epoca in cui egli deve imparare a muoversi, non può imparare bene se non lo vede fare, come non potrebbe imparare il linguaggio se fosse sordo. Dare al bambino questa ospitalità, cioè, farlo partecipare alla nostra vita, è difficile, ma non costa nulla; dipende solo dalla preparazione dell'anima dell'adulto; il bambino che non si può muovere, non importuna nessuno; la sua presenza è quasi una presenza spirituale. Ma a questa ospitalità si oppone il pregiudizio, ribattuto tirannicamente e crudelmente dall'igiene, che il bambino debba dormire molto, perché il bambino è un corpo vegetante. Ma perché farlo dormire per forza? Se noi gli permetteremo di stare sveglio quanto vuole e lo terremo molto vicino a noi, vedremo che dormirà molto, molto meno.

Il pregiudizio di condannare al sonno i bambini si è diffuso tra i popoli nordici, senza alcun fondamento, e noi l'abbiamo accolto senza discuterlo. Una volta un bambino è venuto da me dicendomi di voler vedere una cosa tanto bella, di cui aveva sentito tanto parlare: le stelle; non le aveva mai viste, perché si vedono solo di notte, ed egli doveva andare a dormire assai presto. È facile allora capire che il bambino condannato a dormire deve trovare assai faticoso il suo lavoro interiore, perché deve combattere contro l'adulto, che distrugge le sue costruzioni e per di più lo condanna a dormire.

Come tra le parole di Cristo che insegnano la carità c'è: « Non spegnere la candela fumigante », cioè: « Non finire di spegnere la luce che sta per estinguersi », così noi potremmo ripetere questo principio di carità per l'educazione: « Non cancellare i disegni che il bambino fa nella sua *cera molle* interiore. » Questa è la più grande responsabilità che ha l'adulto come educatore del bambino che si sta costruendo.

Il concetto fondamentale per l'educazione è dunque di non divenire un ostacolo allo sviluppo del bambino. Fondamentale e difficile non è il sapere che cosa dobbiamo fare, ma il comprendere di quale presunzione, di quali stolti pregiudizi dobbiamo spogliarci per renderci atti all'educazione del bambino.

DEL MIO METODO IN GENERALE

Poiché il fine perseguito era di fare che il bambino adattasse se stesso a una forma di vita sociale, propria degli adulti e pertanto contraria nei primi anni di vita alla sua natura, è chiaro che nella vecchia scuola e nell'antica forma di educazione familiare i fanciulli non fossero apprezzati nel loro vero essere. Il bambino era solo un « futuro », non rappresentava che un « divenire » e perciò non se ne teneva affatto conto fino al giorno in cui fosse divenuto un uomo.

Eppure il bambino, come tutti gli esseri umani, ha una personalità tutta sua. Egli porta in sé la bellezza e la dignità dello spirito creatore, che non possono essere mai cancellate, e per cui la sua anima, pura e sensibile, esige le nostre cure più delicate. Non dobbiamo solo occuparci del suo corpo, così piccino, così fragile, non dobbiamo solo pensare a nutrirlo, a lavarlo, a vestirlo con ogni cura. L'uomo non vive di solo pane nemmeno nella fanciullezza: le cose materiali stanno un gradino al di sotto e possono essere avvilenti in ogni età. La schiavitù favorisce nei bambini, come sempre negli adulti, sentimenti inferiori e genera l'assoluta mancanza di dignità.

L'ambiente sociale che ci siamo creati non si confà al bambino, egli non lo comprende, perciò ne sta forzatamente lontano e non sapendosi adattare alla nostra società, dalla quale è escluso, viene affidato alla scuola che diviene, spesso, la sua prigione. Oggi vediamo ormai chiaramente quali siano le conseguenze fatali della scuola ove s'insegna con metodi antichi: i bambini ne soffrono non solo organicamente, ma anche moralmente. Gli è che il problema fondamentale dell'educazione, e cioè l'educazione del carattere, è stato fino ad ora trascurato dalla scuola.

Del resto, anche in seno alla famiglia, vi è lo stesso errore di principio: si pensa esclusivamente al domani del fanciullo, alla sua futura esistenza; e mai si bada al presente, cioè a quanto gli occorre per vivere nella sua età. Tutt'al più, nelle famiglie moderne, si comincia a tener conto della vita fisica del bambino: l'alimentazione razionale, i bagni, il vestiario igienico, la vita all'aria libera sono gli ultimi progressi ottenuti in questo campo.

Di tutte le necessità del bambino si trascura la più umana: l'esigenza del suo spirito, della sua anima. L'essere umano che vive nel bambino ci resta nascosto. A noi sono palesi solo tutti gli sforzi e tutta l'energia che gli sono necessari per difendersi da noi: i pianti, le grida, i capricci, le timidezze, le disobbedienze, le bugie, l'egoismo, lo spirito di distruzione. Inoltre commettiamo l'errore anche più grave di considerare questi mezzi di difesa come se fossero i tratti essenziali del carattere infantile. Crediamo allora nostro stretto dovere il cercare di eliminarli con la massima severità, con una durezza che ci trascina talvolta fino alle punizioni corporali. Invece, queste reazioni del bambino sono spesso indizi di una malattia morale, spesso preludono ad una vera malattia nervosa, che farà sentire le sue conseguenze per tutto il resto della vita. Lo sappiamo tutti che l'età dello sviluppo è la più importante di tutta la vita: una denutrizione morale, un'intossicazione dello spirito in quel tempo sono altrettanto fatali per l'uomo, quanto la denutrizione delle membra per la salute futura del corpo. Perciò l'educazione infantile è il problema più importante dell'umanità.

Noi sentiamo impegnata la nostra coscienza nell'attenta cura di comprendere anche le più piccole sfumature dell'anima infantile, e di avere ogni riguardo nei nostri rapporti col mondo dei piccoli. Finora quasi ci compiacevamo di far la parte dei giudici senza pietà di fronte ai bambini, i quali apparivano pieni di difetti, in confronto a noi ricolmi di ogni virtù. Ormai dobbiamo accontentarci di una parte assai più modesta. Essa corrisponde all'interpretazione che Emerson dà del messaggio di Gesù: « L'infanzia è l'eterno Messia, che continuamente ritorna nelle braccia dell'umanità decaduta per pregarla di ritornare in Cielo. »

Se cominceremo così a considerare come assoluta e urgente necessità le cure da darsi al fanciullo, creandogli un mondo, un ambiente adatto, compiremo una grande opera a profitto dell'umanità.

Il fanciullo non può condurre una vita regolare nel mondo complicato degli adulti. Intanto è palese che l'adulto, con la continua sorveglianza, con gli ammonimenti ininterrotti, coi suoi comandi arbitrari disturba e impedisce lo sviluppo del bambino. Si soffocano così tutte le forze buone che stanno per germogliare; ed al fanciullo non rimane che una cosa sola: il desiderio intenso di liberarsi il più possibile da tutto e da tutti.

Abbandoniamo, dunque, la parte del carceriere e prendiamoci cura, invece, di preparargli un ambiente in cui si possa fare a meno, quanto più è possibile, di stancarlo con la nostra sorveglianza e i nostri insegnamenti. Bisogna persuadersi che quanto più l'ambiente corrisponderà ai bisogni del bambino, tanto più limitata potrà essere l'attività dell'insegnante. Qui, però, non si deve dimenticare un principio importante. Dare la libertà al bambino non vuol dire abbandonarlo a se stesso e, tantomeno, trascurarlo. L'aiuto che diamo all'anima infantile non dev'essere indifferenza passiva di fronte a tutte le difficoltà del suo sviluppo; piuttosto dobbiamo assecondare questo sviluppo con prudenza e con cura affettuosa.

Del resto, anche nel solo preparare con ogni cura l'ambiente del bambino abbiamo già un grave compito, giacché si tratta di creare un mondo nuovo: il mondo dell'infanzia.

Appena si sono preparati i piccoli mobili di cui i bambini abbisognano, subito vediamo che la loro attività si ordina in modo incredibile. I loro movimenti sono diretti dalla forza di volontà; essi riescono benissimo a rimanere soli, senza pericolo, poiché sanno quello che vogliono. Nei bambini v'è un bisogno di agire quasi più forte di quello di nutrirsi, ma noi non lo possiamo riconoscere poiché è mancato finora il campo di attività adatto. Se noi glielo daremo, vedremo questi piccoli tormentatori, sempre malcontenti, convertirsi in allegri operai. Il distruttore proverbiale diventa il più attento custode degli oggetti che lo circondano: il bambino chiassone e disordinato si trasforma in un essere tranquillo e ordinatissimo. Ma se al fanciullo mancano i mezzi esteriori adatti, egli non potrà mai far uso delle grandi energie di cui la natura lo ha dotato. Eppure egli sente l'impulso istintivo verso un'attività che interessi tutte le sue energie, poiché solo in questo modo potrà perfezionare le sue facoltà. Tutto dipende da questo.

Oggi, ormai, tutti sanno qualcosa della «casa del bambino», e già si costruiscono oggetti semplici e pratici che hanno lo scopo di servire allo sviluppo intellettuale del fanciullo. Troviamo piccoli mobili graziosi, di colori vivaci e così leggeri che ad urtarli si capovolgono, che i bambini possono facilmente spostare. Il loro colore chiaro mette in evidenza le macchie, così si scoprono subito le malefatte e presto si può porvi rimedio con un po' d'acqua e sapone. Ogni bambino sceglie da solo il proprio posto e aggiusta tutto come piace a lui, ma siccome i mobili sono leggeri, essi svelano, col rumore, ogni movimento scomposto. Così il bambino impara a stare attento alle mosse del suo corpo. Ci sono anche graziosi oggettini fragili di vetro o di porcellana; se il bambino li lascerà cadere, si romperanno e andranno perduti per sempre, e il dispiacere ch'egli ne proverà sarà per lui il castigo maggiore.

Che gran dolore, la perdita di un oggetto caro! Chi non si sente spinto a consolare un piccino, tutto rosso e piangente davanti ad un bel vaso rotto? Ma da ora in poi, quando dovrà portare oggetti fragili, farà ogni sforzo di volontà per ottenere la compostezza dei suoi movimenti.

L'ambiente stesso lo aiuta a migliorarsi continuamente poiché, se ogni piccolo errore si fa palese, non occorre che la maestra intervenga. Essa può rimanere tranquillamente spettatrice di tutti i piccoli incidenti che accadono. A poco a poco sembrerà al bambino di udire le voci degli oggetti che, nel loro muto linguaggio, parlano ed avvertono le piccole mancanze: « Stai attento, non vedi? sono il tavolino, sono tutto liscio e verniciato, non insudiciarmi, non macchiarmi! » Anche l'estetica degli oggetti e dell'ambiente è un grande sprone perché il bambino sia attivo e raddoppi i suoi sforzi. Perciò tutti gli oggetti devono essere attraenti. I panni da spolvero siano multicolori, le scope dipinte a colori vivaci e le piccole spazzole siano altrettanto graziose dei pezzetti di sapone, rotondi o quadrangolari. Da tutti questi oggetti deve sprigionarsi una voce che dica al bambino: « Vieni, toccami, adoperami! » « Lo vedi? sono il panno da spolvero variopinto, leva la polvere dal tavolino! » « Ed io sono la piccola scopa, prendimi nelle tue manine e spazza! » « Venite, manine care, tuffatevi nell'acqua e prendete il sapone! » Così, ovunque la bellezza degli oggetti attrae il fanciullo e quasi si compenetra nella sua disposizione d'animo; e non è più la maestra che dice al bambino a lei affidato: « Carlo, spazza. » « Giovanni, lavati le mani! »

Ogni bambino, che sa bastare a se stesso, che sa mettersi le scarpe, vestirsi e spogliarsi da solo, rispecchia nella sua gioia e nella sua allegria un riflesso di dignità umana. Poiché la dignità umana deriva dal sentimento della propria indipendenza.

La gioia che i piccoli provano nel lavorare, fa compiere loro ogni cosa con entusiasmo quasi eccessivo. Se lucidano una maniglia lo fanno lungamente, finché essa non diventi brillante come uno specchio; perfino le cose più semplici, come spolverare, scopare, sono fatte con un'estrema cura e attenzione. Evidentemente non è il raggiungimento di un dato scopo che li sprona, ma piuttosto il fatto di poter valorizzare le loro energie latenti, ed è questa valorizzazione che decide della durata dell'attività.

Il continuo ripetere le stesse azioni, mentre rende felice il bambino, gli fa compiere vere bravure. Noi vediamo piccini, nella più tenera età, vestirsi e spogliarsi da soli, agganciare bottoni, far nodi e fiocchi, apparecchiare inappuntabilmente la tavola, pulire piatti e bicchieri; non solo, ma la sovrabbondanza delle forze infantili si manifesta nel fatto che il bambino usa quello che ha imparato a profitto di chi non ha ancora acquistato eguale grado di perfezione. E lo vediamo abbottonare il grembiulino del compagno più piccino, annodargli le stringhe delle scarpine e svelto pulire in terra quando l'altro abbia rovesciato la minestra.

Se lava i piatti, pulisce ciò che gli altri hanno insudiciato, se apparecchia la tavola, procura il benessere di molti altri che non hanno diviso il lavoro con lui. Eppure egli non considera questo lavoro fatto in pro degli altri come uno sforzo supplementare meritevole di premio; no, è proprio quello sforzo il premio da lui più ambito. Ho visto un giorno una bambina sedere tutta mesta davanti a una minestra calda, senza nemmeno assaggiarla. Le avevano promesso di lasciarle apparecchiare la tavola, e poi se n'erano dimenticati. Questa delusione aveva fatto tacere i bisogni del suo corpo; il suo cuoricino era più esigente dello stomaco.

Si sviluppa così quella parte di attività esteriore del bambino che è rivolta a scopi sociali; egli ha un fine, che capisce molto bene e che può facilmente conseguire. La sua intelligenza ricerca questo fine, e noi, nel metterlo nella cornice del suo ambiente, gli diamo la libertà di raggiungerlo. Certamente il vero interesse ha radici assai più profonde, e il bambino agisce a quel modo solo per appagare il suo desiderio di attività e per soddisfare alle leggi dello sviluppo. Ma in ogni modo ci vuole uno scopo esteriore semplice e chiaro perché questo desiderio venga soddisfatto. Lo vedremo lavarsi le mani chi sa quante volte, non già perché siano sudice, ma perché egli ha davanti a sé una meta che richiede il progressivo svolgersi delle necessarie azioni secondarie; come il portare e il versar l'acqua, l'adoperare il sapone e l'asciugamano, l'uso conveniente e accurato di tutte queste cose. Quanto lavoro tutto ciò porta con sé! Spazzare la camera, cambiare l'acqua ai fiori, disporre intorno i tavolini, arrotolare i tappeti, apparecchiare la tavola per il pranzo: tutte queste sono attività ragionevoli che si uniscono all'esercizio fisico. Chiunque sia costretto a compiere i lavori domestici e sperimenti la fatica che essi procurano, sa quanto movimento sia necessario per portarli a compimento. Proprio ora si parla tanto di ginnastica e di esercizi fisici. Ecco qui degli esercizi, e non quelli soliti, così meccanici, ma quelli che si possono compiere con mente chiara ed a ragion veduta.

Eppure questi, che i piccoli compiono con tanta gaia

sollecitudine e che sorprendono gradevolmente tutti i visitatori della « casa dei bambini », non rappresentano ancora la cosa essenziale: sono appena un inizio e costituiscono il lato meno importante dell'attività infantile.

È noto che i sapienti, gli uomini di scienza, ci danno l'impressione di un intimo raccoglimento che li tiene lontani dalle cose del mondo. Tutti conoscono gli aneddoti di Newton che dimentica di prender cibo, di Archimede che nemmeno si accorge del frastuono della mischia per la conquista di Siracusa e si fa sorprendere dai nemici intento ai suoi calcoli geometrici. Ebbene, proprio questi aneddoti ci indicano il lato opposto di questo intimo raccoglimento. Le grandi scoperte che conducono al progresso di tutta l'umanità non sono dovute tanto alla cultura degli scienziati né al loro sapere, quanto a questo completo concentrarsi e sprofondarsi dell'ingegno, a questo quasi isolarsi dal mondo.

Se il bambino troverà il campo d'azione corrispondente alle sue intime esigenze, egli ci rivelerà anche quanto altro gli sia necessario per lo sviluppo della sua esistenza. Egli cerca, per ora, i suoi rapporti col genere umano che lo circonda, e li trova.

Ma vi sono nell'individuo esigenze intime, per le quali mentre egli si abbandona ad un lavoro misterioso, si richiede la completa solitudine, la separazione da tutto e da tutti. Nessuno può aiutarci a raggiungere quest'intimo isolamento che ci rende accessibile il nostro mondo più celato, più profondo, tanto misterioso, quanto ricco e pieno. Se altri ci si immischia, interrompe e perciò distrugge. Questo raccoglimento che si ottiene liberandosi dal mondo esterno, deve provenire dalla nostra stessa anima, e ciò che è intorno a noi non può influire in nessun modo fuorché con l'ordine e con la pace.

Questo stato di completo raccoglimento si trova solo nei grandi uomini, e anche in loro solo eccezionalmente. Esso è la sorgente della fermezza interna. Da questo raccoglimento deriva la facoltà, che hanno i grandi, d'influire sulle masse con meditata tranquillità e con infinita benevolenza. Sono uomini che, dopo un prolungato appartarsi dal mondo, si sentono in grado di risolvere i grandi problemi dell'umanità, mentre con infinita pazienza sopportano le debolezze e le imperfezioni dei loro simili anche se giungano all'odio e alla persecuzione. Inoltre vediamo che esiste uno stretto legame tra il lavoro manuale che si compie nella vita comune e la profonda concentrazione dello spirito. Per quanto a prima vista sembri che queste due cose siano opposte, in realtà esse sono profondamente unite, poiché l'una è la sorgente dell'altra. La vita dello spirito prepara in solitudine le forze occorrenti per la vita quotidiana. E, dal canto suo, la vita quotidiana favorisce il raccoglimento mediante il lavoro ordinato. Lo sperpero delle forze è continuamente ricolmato dalla sorgente del raccoglimento dello spirito. L'uomo, che vede chiaro in se stesso, sente le necessità della vita interiore così come il corpo sente le necessità della vita materiale, quali la fame ed il sonno. L'anima che non ha più la sensazione delle sue necessità spirituali sta sulla stessa pericolosa china del corpo che non è più in grado di sentire i morsi della fame, né il bisogno di riposo.

Ma poiché questo raccoglimento, questo sprofondarsi dell'anima in se stessa lo troviamo nei bambini, è chiaro che esso non rappresenta uno stato eccezionale di persone particolarmente dotate, ma è una qualità universale dell'anima umana, che solo in poche persone si conserva fino all'età adulta.

Se ora consideriamo nei bambini questi singoli barlumi di concentrazione, osserviamo un quadro tutto differente dal primo, quando si trattava dei lavori utilitari. Un oggetto dal quale non si può ricavare nessuna utilità attira d'improvviso l'attenzione del bambino, che comincia ad occuparsene ed a muoverlo in tutti i sensi. Spesso non sono che piccoli movimenti quasi meccanici e uniformi; spesso la mano distrugge ciò che aveva costruito un momento prima per poi ricominciare a costruire da capo. E questi movimenti si ripeteranno tante volte da non far più pensare che si tratti di un'azione fatta con particolare entusiasmo, come vedemmo negli esercizi di vita pratica; ma da farci intravedere un fenomeno speciale. Allorché scoprii per la prima volta l'esistenza di questo aspetto del carattere infantile ne fui stupita e mi chiesi se non mi trovassi di fronte ad un fatto straordinario, ad un mistero nuovo e meraviglioso, poiché vedevo crollare davanti ai miei occhi molte teorie degli psicologi. Essi ci avevano fatto credere – ed anch'io lo credevo – che i bambini fossero incapaci di fissare lungamente la propria attenzione su qualsivoglia oggetto. Ed ora ecco davanti a me una bambina di quattro anni che, coi segni della più manifesta attenzione, poneva in incastri di legno cilindri di varie dimensioni. Essa li metteva dentro con ogni cura, e quando non ne rimanevano più, li tirava fuori di nuovo, per introdurli poi subito, e continuava così, senza che se ne vedesse la fine. Cominciai a contare. Quando l'ebbe fatto per più di quaranta volte, mi misi al piano ed invitai gli altri bambini a cantare, ma la piccina continuò il suo inutile lavoro senza mai muoversi, senza alzare gli occhi, come se fosse completamente astratta da ciò che la circondava. In un dato momento cessò, e alzò, sorridente e contenta, gli occhi limpidi. Sembrava alleggerita e riposata e sorrideva come quando i bambini si svegliano dal sonno benefico.

D'allora in poi, ho osservato le stesse manifestazioni sempre più spesso. I bambini quando hanno compiuto questo lavoro raccolto appaiono sempre riposati e intimamente corroborati. Sembra quasi che nella loro anima si sia aperta una strada alle forze latenti, svelando il lato migliore del loro carattere. Si mostrano allora affabili con tutti, si prodigano per aiutare gli altri, sono pieni di desiderio d'esser buoni. È successo che uno di loro si avvicinasse piano piano alla maestra e le sussurrasse, come per confidarle un segreto: « Signorina, io sono buono! »

Questa osservazione è stata valorizzata già da altri, ma particolarmente utilizzata da me. Io capii che in ciò che succedeva nelle anime era una legge e questa mi diede la possibilità di risolvere completamente il problema dell'educazione. Mi apparve chiaro che l'idea dell'ordine e lo sviluppo del carattere, della vita intellettuale e sentimentale devono derivare da questa fonte misteriosa e celata. E d'allora in poi mi adoperai per cercare degli oggetti sperimentali che rendessero possibile la concentrazione, ed inoltre studiai accuratamente l'ambiente che presentasse le più favorevoli condizioni esterne per questa concentrazione. Così cominciai a creare il mio metodo.

Certamente qui sta la chiave di tutta la pedagogia: saper riconoscere gli istanti preziosi della concentrazione per poterli utilizzare nell'insegnamento del leggere, dello scrivere, del far di conto e, più tardi, della grammatica, dell'aritmetica, delle lingue estere, ecc. Del resto tutti gli psicologi sono d'accordo nell'asserire che v'è una sola maniera d'insegnare: quella di suscitare nello studente il più profondo interesse ed insieme una viva e costante attenzione. Si tratta, dunque, solo di questo: utilizzare l'intima forza del fanciullo per la sua educazione. È possibile ciò? Non è soltanto possibile, è necessario. L'attenzione ha bisogno, per concentrarsi, di stimoli graduali. All'inizio saranno oggetti facilmente riconoscibili dai sensi, che interesseranno i piccini: dei cilindri di differenti grandezze, dei colori da ordinare secondo la loro gradazione, diversi suoni da distinguere, superfici più o meno scabre da riconoscere al tatto. Ma più tardi avremo l'alfabeto, le cifre, la lettura, la grammatica, il disegno, le operazioni aritmetiche più difficili, la storia e le scienze naturali, e così si costruirà il sapere del fanciullo.

Per conseguenza, il compito della nuova maestra si è fatto assai più delicato e più serio. Dipende da lei se il bimbo troverà la sua via verso la cultura e la perfezione o se tutto andrà distrutto. La cosa più difficile è far capire alla maestra che, perché il bimbo progredisca, ella deve eclissarsi e rinunciare ai diritti che prima le spettavano; essa deve comprender bene che non può avere nessuna influenza immediata né sulla formazione, né sulla disciplina dell'alunno, e che tutta la sua fiducia deve essere riposta nelle energie latenti di questo. Certo vi è qualcosa che la spinge continuamente a consigliare i piccini, a correggerli o a incoraggiarli, mostrando loro di essere superiore per esperienza e cultura; finché non si sarà rassegnata a far tacere in sé ogni vanità, non otterrà alcun risultato.

In compenso la sua azione indiretta dev'essere assidua: deve preparare con piena conoscenza di causa l'ambiente, disporre il materiale didattico a ragion veduta e introdurre con ogni cura il bimbo ai lavori della vita pratica. Spetta a lei il saper distinguere il bambino che cerca la via giusta da quello che ha sbagliato strada; ella deve sempre essere tranquilla, sempre pronta ad accorrere, quando è chiamata, per dimostrare il suo amore e la sua confidenza. Essere sempre pronti: ecco tutto.

La maestra deve consacrarsi alla formazione di un'umanità migliore. Come la vestale doveva serbare puro e scevro di scorie il sacro fuoco che altri avevano acceso, così alla maestra è stata affidata la fiamma della vita interiore in tutta la sua purezza. Se questa fiamma sarà trascurata, si spegnerà per non accendersi mai più.

IL CARATTERE DEL BAMBINO

Non a caso abbiamo scelto questo titolo: « Il carattere del bambino ». Con la parola « carattere » non vogliamo intendere soltanto i tratti del carattere morale, bensì la complessa personalità del bambino, la quale non consiste di sole manifestazioni intellettuali e fisiche, ma costituisce un'unità, che non può essere analizzata che dallo studio psicologico.

Vogliamo dare qui uno sguardo generale soprattutto alle forme di attività del bambino alle quali tanto spesso non si bada e di cui, ancor più spesso, non si riconosce l'importanza.

Ammettiamo di poter riprodurre con una curva l'esecuzione di un dato lavoro.

Rappresentiamo con una linea orizzontale lo stato di quiete: lo spazio al di sopra della linea sia l'attività ordinata, ossia lo stato di « ordine », quello al di sotto della linea l'attività disordinata, ossia lo stato di « disordine », la distanza dalla linea sia il grado delle due attività e la direzione della linea il corso nel tempo.

Così potremo rappresentare ogni attività, sia riguardo alla sua durata nel tempo, sia secondo il grado di ordine oppure di disordine. Da questi dati successivi si ottiene una curva che ci dà la visione dell'attività del bambino.[1]

Rappresentiamo ora l'attività di un fanciullo in una « casa dei bambini ». Egli entra, sta quieto per un istante, poi prende un lavoro. La curva comincia a salire verso lo spazio dell'ordine. Poi il bambino si stanca e diventa per conseguenza disordinato. La linea si abbassa sotto la linea di quiete, nello spazio del disordine. Più tardi incomincia un nuovo lavoro. Se, per esempio, prima aveva in mano i cilindri, ora prende la tavoletta dei colori e noi lo vediamo per qualche tempo assiduo alla sua occupazione, ma improvvisamente disturba il suo vicino: la linea si abbassa nuovamente. Egli si diverte a seccare i compagni e rimane così nel disordine. Dopo sceglie le campane: batte le diverse tonalità e si sprofonda nel suo lavoro; la linea sale nuovamente nello spazio dell'ordine. Appena però ha finito non sa più come occuparsi da solo, e tutto annoiato si avvicina alla maestra.

In questa curva non ha potuto esprimersi quella forma di andamento del lavoro che ci interesserà in seguito. È la curva tipica di moltissimi bambini i quali, senza poter mai fissare la loro attenzione, senza mai occuparsi

1 Sappiamo benissimo che non si può misurare l'intensità spirituale, cioè la forza di concentrazione, anzi che è addirittura impossibile il confrontare e misurare gli stati di concentrazione susseguentisi in una stessa persona, né quelli di parecchie persone che abbiano per di più differenti occupazioni. Non si tratta assolutamente di riprodurre con le curve dei valori sicuri: si tratta di rappresentare in generale il cambiamento fra ordine e disordine e l'intensità del lavoro. Non bisogna mai perdere di vista che qui l'« intensità » può essere « stimata » puramente in forma subiettiva e secondo sintomi affatto esteriori e che essa non si può misurare. Queste curve, dunque, non sono affatto paragonabili a quelle che si ottengono nelle scienze esatte e naturalistiche come risultato di precise misurazioni. Le nostre curve non sono che aiuti schematici per facilitare la visione di assieme.

seriamente di una data cosa, svolazzano discontinuamente da un'attività all'altra e si fanno passare fra le mani in poche ore tutto il materiale che dovrebbe servire per mezza annata. Questo è il tipo più comune del bambino disordinato.

Dopo un po' di tempo (può darsi che si tratti di giorni o anche di settimane o di mesi) riprendiamo una curva dell'attività dello stesso bambino. In questo tempo si è completato in lui « il raccoglimento dell'attenzione ».

Ora vorrei parlare di una curva che esprima press'a poco l'attività di un bambino che, pur non essendo più disordinato, non è ancora completamente ordinato. Il suo contegno è qualcosa di mezzo fra ordine e disordine.

Appena questo bambino entra in scuola, prende un lavoro facile, poniamo un lavoro casalingo; poi lo lascia stare per scegliersi fra il materiale educativo un pezzo che gli sia familiare e per ripetere con questo esercizi che già conosce. Dopo, però, lo vediamo stanco e incerto e la sua linea si abbassa sotto la linea di quiete. Questo aspetto può verificarsi non solo per un bambino, ma per tutta una classe. In questo caso, che direbbe una maestra la quale non avesse alcuna esperienza pratica? Concluderebbe che i bambini, dopo aver fatto i lavori casalinghi o aver lavorato col materiale, si sono stancati, e che se la tanto decantata concentrazione non si è verificata, la colpa non è sua.

Se la maestra è d'indole buona e se conosce i dettami della psicologia di cui ora tanto si parla, penserà certamente che i bambini abbiano assoluto bisogno di riposo dopo lo sforzo fatto, e che perciò occorra interrompere il lavoro. Per procurare loro un diversivo li porterà certamente in giardino. Qui correranno intorno schiamazzando, per poi essere, una volta ricondotti in classe, ancor più irrequieti di prima. Si ostineranno a cambiare continuamente occupazione e questo stato di « falsa stanchezza » persisterà.

Quante maestre traggono da ciò un'errata conclusione: non essere vero che il lavoro scelto liberamente dai bambini procuri loro piacere e contentezza! È un fatto manifesto che essi scelgono la loro occupazione liberamente, ma che con tutto ciò vi attendono solo un attimo, e poi diventano sempre più inquieti. Io tento tutto, esse dicono: li lascio riposare, cambio il loro ambiente, e non mi riesce, malgrado ciò, né di portarli al lavoro, né di tenerli tranquilli.

Queste maestre hanno certamente studiato il metodo « alla lettera », però non hanno la fede necessaria e così hanno omesso di rispettare la libertà del fanciullo. Naturalmente esse non avranno potuto fare a meno di porsi ogni genere di considerazioni e di prendere consiglio da quanto avevano appreso in passato; hanno cercato di intromettersi, di guidare, e appunto con questo hanno interrotto lo svolgimento naturale e distrutto là dove volevano edificare.

Se invece una maestra rispetta la libertà del bambino ed ha fiducia in lui, se ha la forza di volontà di dimenticare per un po' di tempo tutto ciò che ha imparato e che le riempie il cervello, se è tanto modesta da non considerare come essenziale il suo intervento, se sa aspettare con pazienza, vedrà presto che un totale cambiamento si verifica nel bambino. Egli è eccitato finché cerca qualcosa nel profondo della sua coscienza e non ha ancora trovato se stesso.

Ma appena gli è possibile, dopo il lavoro introduttivo, ne comincia un altro più difficile del primo; rivolge a questo tutta la sua attenzione, vi si sprofonda e vi si consacra con tutta l'anima, e, nello stesso tempo, si libera momentaneamente da quanto lo circonda: ecco quello che noi chiamiamo il « lavoro grande ».

Quando il bambino ha finito, certamente abbandona l'oggetto che prima agiva da strumento della sua concentrazione. Ma tutte le apparenze del fanciullo sono ora completamente differenti da quelle della falsa stanchezza. Se prima egli sembrava stanco, ora il suo visino brilla e su di esso si esprime un profondo riposo: il bambino appare come mosso da una forza nuova, come se un torrente di energia lo avesse rianimato. Riconosciamo chiaramente che qui siamo di fronte a un unico ciclo chiuso di lavoro, il quale si compone di due parti: la prima parte è quella della pura e semplice preparazione che indirizza il fanciullo al lavoro e spiana la via alla seconda parte, al vero « lavoro grande ».

Dopo il « lavoro grande » il bambino è riposato, anzi, si potrebbe dire che solo ora si mostra veramente riposato. La sua raggiante serenità e la sua quiete ci annunziano chiaramente una nuova verità.

Ed infatti un bambino simile non dimostra nessun sintomo di stanchezza, ma piuttosto i segni fisiologici di una forza vitale abbondantissima. Non altrimenti è il nostro aspetto dopo un pasto che ci ha soddisfatti o dopo un bagno. Anche queste ultime sono forme di lavoro ma, ben lungi dal diminuire le nostre energie, esse servono a rinnovarle; così c'è anche un lavoro psichico che dà forza allo spirito. Perché il bambino possa riposarsi dobbiamo rendergli possibile il « lavoro grande ».

Riflettiamo un momento: che cosa significa veramente riposare? Per noi riposare non significa affatto oziare. I nostri muscoli non si riposano se noi restiamo immobili, ma piuttosto se ci moviamo in maniera conveniente. Così pure troviamo la quiete in un lavoro intellettuale, scelto liberamente, che dia forza al nostro spirito.

È qualcosa di misterioso come la stessa vita. Una maestra non è mai in grado di dire: a questo bambino occorre questo o quel lavoro per acquistare energia. Questo sta al di là di ogni possibilità di penetrazione. Solo la voce stessa della vita può scegliere il lavoro di cui il bambino ha veramente bisogno. Così basta che la maestra rispetti questo misterioso lavorio e sappia *aspettare con fiducia.*

Un bambino riposato a questo modo è contento, è affabile, forse sente anche il desiderio di chiacchierare confidenzialmente con la maestra. Pare proprio che la sua anima si sia aperta e che egli si rivolga alla maestra perché solo ora ne riconosce la superiorità e ne cerca l'aiuto. Solo ora egli osserva, in quel che lo circonda, cose che prima gli erano completamente sfuggite. Senza dubbio egli è diventato più ricco interiormente e perciò più capace di ricezione, e si è rafforzato in lui il desiderio di collegarsi col suo ambiente. Per poter sfruttare le proprie energie bisogna raccoglierle. Una maestra che volesse impartire l'insegnamento ad un bambino moralmente debole e mal nutrito non troverebbe in lui nessuna possibilità di corrispondenza, né di fiducia, né di obbedienza. Se, malgrado tutto, ciò le fosse possibile, sarebbe un processo imperfetto ottenuto con molta fatica.

Tutto ciò sembra strano, eppure da questo dobbiamo riconoscere come noi trattiamo erroneamente il bambino. Rivolgersi a qualcuno confidenzialmente, ubbidirgli, non sono che sintomi esteriori di una necessità interiore. Noi vogliamo insegnare al bambino queste manifestazioni esteriori senza dargli l'opportunità di sviluppare le sue forze intime e di diventare padrone di sé.

Il nostro compito, invece, è proprio quello di sgombrare la via per queste forze intime.

Più si sviluppa la capacità di concentrazione, più spesso avviene questo tranquillo sprofondarsi nel lavoro e tanto più chiaro si mostra un nuovo fenomeno: la disciplina del fanciullo. Le maestre, che sono arrivate a questo punto col loro metodo educativo, hanno adottato espressioni speciali. Può darsi che una maestra chieda ad un'altra: « Come va la sua classe? È già ordinata? » E l'altra forse risponderà: « Non ancora. » Oppure si sentirà quest'osservazione: « Si ricorda di quel bambino che era così disordinato? Ora è ordinato. » Le maestre che s'intendono così fra loro, sanno tutto ciò che occorre. Tutto il resto viene da sé.

Una volta formata la disciplina del bambino, questi è sulla via dello sviluppo psichico naturale. I bambini che l'hanno raggiunta diventano sempre più laboriosi, tanto che non sanno stare senza far niente. Può accadere che non restino oziosi nemmeno quando aspettano qualcuno. Sono completamente disposti all'attività.

Quanto più procede questo sviluppo, tanto più breve

diventerà il periodo della falsa stanchezza, mentre si allungherà sempre più il tempo della « quiete » che segue il lavoro, nella quale il bambino mette in opera quanto ha appreso.

È questa una quiete di natura tutta speciale, un « riposo nell'attività ». Senza dubbio continua intanto interiormente un lavoro, che non ha più nessun legame col mondo esteriore. Il bambino è intimamente tranquillo, osserva ciò che lo circonda, scorge i più piccoli dettagli, fa ogni sorta di scoperte.

La concentrazione comprende, per conseguenza, tre periodi: il periodo preparatorio, il periodo del « lavoro grande », che sta in rapporto con un oggetto del mondo esteriore, e un terzo periodo che si svolge solo nell'intimo e che procura al bambino gioia e chiarezza. Un raggio di questa chiarezza si riflette anche sull'ambiente circostante, in modo che il bambino osserva cose che prima non aveva curato.

Facciamo un'altra osservazione: il bambino diventa straordinariamente ubbidiente, sviluppa una pazienza quasi inconcepibile. È qualcosa che ci sorprende assai: noi non ci siamo curati di insegnargli l'obbedienza, né la pazienza.

Chi non sa tenersi in equilibrio, non osa nemmeno camminare né adoperare le braccia, per paura di cadere: andrà avanti solo barcollando. Ma se poi impara a mantenersi in equilibrio, correrà, salterà, si volterà a destra e a sinistra. Ciò vale anche per la vita psichica. Chi non ha l'animo equilibrato e non sa raccogliere la mente, chi non ha padronanza di sé, può piegarsi, in questo stato spirituale, sotto il volere di altri senza essere in pericolo di « cadere »? Come può ubbidire al volere di altri, chi è incapace di sottomettersi ai suoi stessi voleri? L'ubbidienza non è altro che una specie di destrezza spirituale, che ha il suo presupposto necessario nell'equilibrio interno. Questa obbedienza sgorga dalla fortezza e contiene anche il miglior presupposto a ciò che si è chiamato « ambientamento ». Tutti i biologi sono d'accordo che ci voglia un eccesso di robustezza per adattarsi a un dato ambiente. In che cosa consiste poi questo « ambientarsi » di cui parlano i biologi? Non è che un eccesso di fortezza che permette a un individuo di conformarsi in modo corrispondente a determinate esigenze del mondo circostante e di coltivare quei meccanismi e quelle funzioni che vengono richiesti da quanto temporaneamente lo circonda. Ma prima che tali forze vengano messe in azione, prima che possano causare degli avvenimenti, bisogna che esistano esse stesse, né possono esser chiamate in vita soltanto dalle necessità dell'ambiente. Lo sa anche il giardiniere, che una coltura forzata serve solo ad indebolire le piante.

Perciò bisogna prima di tutto essere forti e possedere l'equilibrio dello spirito per poter obbedire. Come in natura un organismo robusto può adattarsi alle circostanze, così uno spirito forte sarà obbediente e saprà adattarsi a tutto.

Si tratta dunque di dare al bambino la possibilità di svilupparsi tranquillamente secondo le leggi della sua natura. Così egli si irrobustirà e, diventato forte, farà più di quanto non osassimo sperare da lui.

Quanto si è sviluppato il bambino che fu messo in

grado di esercitare le funzioni essenziali del suo spirito (concentrazione) in pace e in libertà! Tutto il resto è venuto di conseguenza; egli ha acquistato la signoria del suo corpo, sa guidarne tutti i movimenti secondo il suo volere e sa badare a se stesso. Vediamo fin dove sia arrivata questa padronanza di se stesso dal fatto che egli sa stare anche in perfetto silenzio. La padronanza che egli ha di sé è spesso superiore a quella degli adulti. Però non dobbiamo dimenticare come si è compiuto questo sviluppo e nemmeno quale parte vi abbia avuto l'ambiente.

Ripetiamolo: non è che io abbia prima posto questi principi e poi conformato ad essi il mio metodo di educazione. È successo precisamente il contrario: solo l'osservazione immediata dei bambini dei quali si è rispettata la libertà, mi ha rivelato talune leggi della loro vita interiore, che ho poi scoperto essere di valore universale. Sono stati i bambini stessi che hanno cercato la via che conduce alla fortezza e l'hanno trovata con sicuro istinto.

L'AMBIENTE DEL BAMBINO

La grandissima influenza che l'ambiente ha sugli esseri viventi è stata ormai ripetutamente constatata dalla biologia. Le teorie materialistiche dell'evoluzionismo arrivano fino ad attribuirgli la facoltà di agire grandemente sulla vita e sulla forma di questi esseri, mutandoli o trasformandoli. Per quanto quest'ultima teoria sia stata ormai abbandonata da parecchi studiosi, l'importanza di conoscere l'ambiente, in cui si svolge la vita animale e vegetale, va sempre aumentando con l'approfondirsi degli studi. Ciò risulta chiaro – senza parlare delle ricerche di molti altri studiosi – specialmente nelle opere del Fabre, il quale, studiando gli insetti, ci comunica nuovissime scoperte, vere rivelazioni sulla loro vita, appunto perché li ha osservati nell'ambiente in cui vivono abitualmente. È, dunque, ormai certo che non si può conoscere bene nessun essere vivente se non lo si osserva nel suo ambiente naturale.

Se però osserviamo l'uomo, vediamo che piuttosto che adattarsi all'ambiente, egli cerca di crearsi l'ambiente più confacente a sé. L'uomo vive in un ambiente sociale, nel quale agiscono certe determinate forze spirituali: i rapporti dell'uomo coi suoi simili. Questi rapporti costituiscono la vita sociale. L'uomo che non vive in un ambiente adatto, non può sviluppare normalmente tutte le sue facoltà, né può scrutare nel fondo della propria anima per imparare a conoscersi. Uno dei principali compiti, che all'educazione moderna s'impongono, è appunto quello di sviluppare l'istinto sociale del fanciullo, risvegliando in lui le tendenze del vivere socialmente coi suoi simili.

Intanto, il fanciullo non ha un ambiente che gli si confaccia, poiché vive nel mondo degli adulti. Questa sproporzione ha conseguenze caratteristiche nella vita del fanciullo d'oggi. Sembra, anzitutto, che a causa della diversità di dimensioni tra il fanciullo e gli oggetti che lo circondano, egli non sappia trovare alcuna relazione fra sé e gli oggetti stessi e che, per conseguenza, egli non possa raggiungere il suo sviluppo naturale.

Questa sproporzione è notevole non solamente nella diversità delle dimensioni, ma anche nella maggiore o minore agilità dei movimenti. Immaginiamo un prestigiatore che sappia compiere con destrezza tutti i suoi giuochi, dimostrando una straordinaria facilità e lestezza di movimenti. Ora, se io volessi provarmi ad imitarlo, egli mi direbbe: « Ma che cosa fai? » poiché certamente non ne sarei capace. Se poi volessi tentare di ripetere lentamente i suoi giuochi egli perderebbe sicuramente la pazienza. Ci comportiamo noi altrimenti coi nostri bambini? Io vorrei dare a tutte le madri un consiglio semplicissimo: « Lasciate dunque che i vostri bambini, di tre o quattro anni, si lavino, si svestano da soli, lasciateli mangiare da soli con tutto il loro comodo! »

Se noi dovessimo vivere soltanto un giorno in un ambiente simile a quello che prepariamo ai nostri bambini, credo che saremmo molto impacciati. Dovremmo sciupare tutte le nostre forze, le nostre energie in difesa di noi stessi, ci schermiremmo sempre col dire: « No, lasciami, non voglio! » e finiremmo poi con lo scoppiare in pianto come i bambini, per non aver trovato altro mezzo di difesa. Eppure le mamme dicono: « Che bambino capriccioso! Non vuol alzarsi, non vuole coricarsi a tempo e dice sempre: non voglio, non voglio! Si sa che i bambini non devono mai dire: non voglio! »

Ma se prepareremo al fanciullo un ambiente in casa che sia confacente alle sue dimensioni, alle sue forze, alle sue facoltà psichiche, se ve lo lasceremo poi vivere liberamente, avremo fatto un grande passo verso la soluzione del problema educativo in genere, poiché avremo dato al bambino il suo ambiente.

Una « casa dei bambini » o, se vogliamo, una scuola, se la esaminiamo da questo punto di vista, deve avere, come abbiamo già detto, mobili e arredi fatti sulla misura dei bambini, adattati alle loro forze fisiche, così che essi li possano rimuovere con la stessa facilità con cui noi spostiamo i mobili della nostra casa.

Ecco, dunque, i principi fondamentali: i mobili devono essere leggeri e messi in modo che il bambino li possa facilmente trasportare; i quadri appesi ad un'altezza che permetta al bambino di osservarli comodamente. Con lo stesso sistema dobbiamo disporre tutti gli oggetti, cominciando dai tappeti, per finire ai vassoi, ai piatti, ecc. Il bambino deve essere in grado di usare tutto ciò che gli occorre per l'ordine della casa, e deve poter fare tutti i lavori della vita giornaliera; deve spazzare, spazzolare i tappeti, lavarsi, vestirsi, ecc.

Gli oggetti siano solidi ed attraenti agli occhi del bambino; la « casa dei bambini » sia bella e piacevole in tutti i suoi particolari, giacché la bellezza invita all'attività e al lavoro. Anche gli adulti vogliono le case belle per alimentare l'amore al focolare domestico. Vi è, quasi direi, un rapporto matematico tra la bellezza dell'ambiente e l'attività del bambino; egli scoperà, per esempio, assai più volentieri con una scopa graziosa che con una brutta.

I bambini intuiscono molto bene queste cose anche da soli. Una bimba della nostra Casa dei bambini in San Francisco andò un giorno a vedere una delle solite scuole e subito s'accorse che i banchi erano impolverati. Disse allora alla maestra: « Sa perché i suoi bambini non spolverano e lasciano tutto in disordine? Perché non hanno dei panni da spolvero carini. Nemmeno io vorrei pulire se non li avessi. » Il mobilio della casa del bambino dev'essere lavabile. Forse c'è chi pensa che questo sia solo un precetto di igiene. Il motivo vero è che i mobili lavabili danno occasione ad un lavoro che i bambini fanno molto volentieri. Così imparano a fare attenzione, scorgono le macchie e si abituano, col tempo, ad essere responsabili della pulizia di tutto ciò che li circonda.

Molte persone mi hanno consigliato di mettere delle rotelline di gomma sotto le gambe dei tavolini per evitare il rumore, ma io preferisco il rumore, che sveli ogni brusco movimento. È noto che il bambino non ha i movimenti regolari e che non sa padroneggiarsi; i suoi muscoli compiono, in confronto ai nostri, movimenti disordinati, appunto perché non ne hanno ancora imparato l'ordine e l'economia.

Nella « casa del bambino » si svela facilmente ogni sbaglio, ogni mossa scorretta: la sedia fa brr... e il tavolino fa trr... e il bambino si dirà: « Così non va bene. » Dev'esserci anche un certo numero di oggetti fragili: bicchieri, piatti, vasi, ecc. Sono certa che gli adulti esclameranno: « Come? Dare dei bicchieri di vetro nelle mani di bambini di tre o quattro anni! Li romperanno sicuramente! » In tal modo daranno più importanza al bicchiere che al bambino; un oggetto di pochi soldi ci sembra più prezioso dell'educazione dei movimenti del bambino.

Nella casa, che è sua, il bambino tende ad essere quanto più gli è possibile gentile ed accurato e cerca di sorvegliare meglio i propri movimenti. Così entra nella via della perfezione senza accorgersene. Una gioia, una dignità tutta nuova, che noi osserviamo in lui e che talvolta è ineffabilmente commovente, ci dimostra che questa via è per lui naturale e che egli l'ama. Perché, in fondo, qual è lo scopo del bambino di tre anni? Crescere. Egli tende a diventare uomo, a perfezionarsi ed a fare tutto ciò che lo aiuti in questo perfezionamento o, in altre parole, cerca di esercitarsi, poiché esercizio vuol dire sviluppo. Se, per esempio, il bambino prova gioia a lavarsi le mani, non è tanto per il piacere di lavarsi, quanto per il lavoro che gli è necessario a compiere l'azione, giacché è l'azione che gli procura la vita, ed è questa la sorgente da cui scaturiscono tutti i suoi sforzi.

Che cosa facciamo, noi, di solito, di fronte a questa vita che si sviluppa e che tende a perfezionarsi consumando lavoro ed energia? Spesso impediamo con tutte le nostre forze che essa giunga al suo scopo. In alcune scuole, per esempio, tavolini e banchi sono fissati al pavimento; i bambini sono vivaci, spesso si muovono sgraziatamente, ma non s'accorgono che con questo rovescerebbero i banchi e i tavolini, se non fossero fissi. Così otteniamo certo l'ordine nella scuola, ma i bambini non acquisteranno mai l'ordine nei movimenti. Se darete al bimbo un bicchiere o un piatto di metallo, egli lo butterà a terra, lo pesterà senza che si rompa, e così avrete fatto la parte di un diabolico tentatore. A questo modo noi cerchiamo di nascondere il male, perché non si veda, mentre l'unico interessato non può rendersi conto delle sue mancanze. E il bambino, oltre che persistere nei suoi errori, sarà sviato dal regolare sviluppo della sua vita.

Il bambino, quando vuol fare qualcosa proprio da solo, ci si mette d'impegno, ed è tutto animato. Noi lo vediamo affannarsi... e subito interveniamo per portare assai meglio a compimento il lavoro che egli aveva incominciato.

Forse che la voce del tentatore non suona così? « Tu vuoi lavarti, vuoi vestirti, non ti tormentare tanto: ci sono io che posso fare subito tutto ciò che il tuo cuore desidera. »

Ed il bambino, al quale abbiamo tolto ogni buona volontà, diventa capriccioso; noi accontentiamo i suoi veri capricci e crediamo così di fargli del bene.

Riflettete un po' che cosa succederebbe di un bambino, che nei suoi primi anni di vita fossè chiuso in una casa dove non vi fossero che oggetti da non potersi né rompere né insudiciare; in una casa, ove non gli occorresse esercitare alcun dominio su se stesso né fare mai attenzione nel maneggiare gli oggetti d'uso comune: egli resterebbe privato di molte necessarie esperienze ed alla sua vita mancherebbe sempre qualche cosa.

Vi sono anche dei bambini che nessuno riesce mai ad accontentare: sono sempre inquieti, sempre per terra; non si vogliono mai lavare, e i loro genitori li lasciano fare e non intervengono mai. « Come sono buoni e pazienti! » si dice di solito di quelle persone che sopportano dei bambini simili da mattina a sera. Ma è vera bontà questa? Quale idea falsa della bontà!

La vera bontà non consiste nel sopportare ogni aberrazione, ma nel cercare i mezzi per evitarla; consiste in ogni atto che dia al bambino la possibilità di vivere con naturalezza.

Dare al bambino ciò che gli occorre per vivere; comprendere bene che egli è un esserino povero, che non ha nulla, e dargli tutto ciò di cui ha bisogno: questa è bontà, questa è misericordia.

Osserviamo un po' il bambino nell'ambiente che è suo, e che la sua stessa natura reclama. Noi vedremo come egli lavori da sé al proprio perfezionamento. La strada giusta gli è indicata non solamente dagli oggetti che adopera, ma altresì dalla possibilità di riconoscere da solo i propri errori per mezzo di questi oggetti.

E che faremo noi?

Nulla.

Noi ci siamo interessati di procurargli ciò che gli occorre. Ora dobbiamo saperci vincere, tirarci in disparte ed osservarlo, seguirlo quasi ad una certa distanza, senza affaticarlo col nostro intervento, ma anche senza mai abbandonarlo. Quasi sempre lo vedremo tranquillo, bastare a se stesso finché sarà occupato in qualche lavoro che gli sembri serio. Che cosa resta da fare per noi, se non osservare? Così si crea la scuola in cui i bambini sviluppano spontaneamente la loro attività, mentre la maestra si limita all'attesa, proprio il contrario di ciò che accade nelle solite scuole, dove la maestra si assume la parte attiva mentre il bambino deve restar passivo. La maestra deve limitarsi sempre più alla sola osservazione, quanto più aumentano i progressi dei bambini.

E qui viene a proposito un grazioso episodio successo in una scuola.

Il bidello aveva dimenticato di aprire la porta della scuoletta e i bambini erano tutti dispiacenti perché non potevano entrare. Allora la maestra disse: « I bambini possono tutti saltare dentro dalla finestra, ma io no. » I bambini entrarono per la finestra e la maestra si accontentò di sorvegliarli dall'esterno.

Un bell'ambiente, che guidi il bambino e gli offra i mezzi per esercitare le proprie facoltà, può permettere alla maestra anche di assentarsi temporaneamente; la creazione di tale ambiente ha già realizzato un grande progresso.

IL BAMBINO IN FAMIGLIA

Abbiamo visto che l'educazione infantile si è finora basata su idee false e preconcetti errati. Oggi si tenta di far prevalere altre idee, assai più positive, derivate dall'osservazione immediata. Considerando il successo riportato dal metodo di osservazione in tutti i campi, si può facilmente dedurre che esso muterà anche le direttive della pedagogia.

L'educazione moderna, che osserva il bambino assai prima di arrischiarsi a volerlo educare, deve finalmente penetrare anche nella famiglia e crearvi, oltre che un nuovo bambino, nuovi padri e nuove madri.

Era fino ad oggi cura principale dei genitori il correggere le mancanze dei figlioli, insegnando loro ciò che ad essi sembrava buono e giusto, con l'esempio anzitutto, poi con buoni precetti e ammonimenti e, se questi non bastavano, con sgridate e castighi. Anzi, era pacifico che nessuno più della famiglia avesse il diritto di adottare il castigo come sistema educativo.

Ma questo diritto fa pesare sui genitori due immense responsabilità: essi rappresentano, rispetto ai bambini inermi, una potenza e insieme un'autorità senza confronti; e per di più, assunta questa posizione, essi hanno l'obbligo di essere continuamente in funzione di esempio.

Padre e madre sanno benissimo che i loro figlioli possono diventare buoni o cattivi per opera loro. Si dice perciò spesso che la madre culla sulle ginocchia i destini della patria. Ma con tutto ciò né padre né madre sono preparati a questo difficile compito. Eppure la madre, nella sua gioventù, avrà dovuto esperimentare che solo con l'esercizio e la pazienza si riesce a compiere le azioni più semplici, però non le sarà mai venuto in mente di chiedersi come si fa ad educare un bambino; il padre avrà imparato da giovane moltissime cose, ma non si sarà mai dato la pena di riflettere come si forma un carattere, né si sarà mai dato cura di osservare un bambino.

Per conseguenza, questo compito grave di responsabilità è lasciato spesso, ed in modo tutto arbitrario, al caso o alla buona volontà, o, sia pure, a esperienze le quali hanno perduto ogni vitalità, perché ormai vuote di senso.

È assai difficile diventare di colpo modelli di perfezione, tali che valga la pena di essere imitati dai bambini. Giacché, fino al momento in cui nella famiglia è sbocciata questa nuova vita innocente, padre e madre facevano a gara nel riconoscere i propri difetti. Considerando le loro mancanze, si riconoscevano esseri imperfetti. Ma, improvvisamente, è subentrato per loro un nuovo dovere: il dovere di essere perfetti. A loro tocca educare i figlioli con autorità cosciente, correggerne i difetti e migliorarli coi castighi, ma soprattutto con l'esempio lampante della loro perfezione.

Ciò crea una situazione che non staremo qui a discutere minutamente, perché tutti conoscono le difficoltà e le contraddizioni che ne derivano nella vita comune.

Prendiamo ad esempio la bugia.

Uno dei compiti più importanti, che ogni buona madre si pone, è quello di avvezzare i figlioli alla sincerità.

Una mamma di mia conoscenza, insegnava alla sua bambina a non mentire mai e soleva dipingere la bassezza della bugia, mentre lodava il coraggio e la fermezza di carattere di chi è pronto a sacrificare tutto, anziché commettere un'azione tanto biasimevole. Si sforzava di far bene comprendere alla figliola che da una sola bugia può derivare una lunga serie di cattive azioni, le quali conducono a tutto ciò che vi è di peggiore al mondo e giustificano spesso il proverbio: « Chi mente ruba ». E accentuava soprattutto il dovere dei ricchi e delle persone di buona famiglia di tener ben alta la loro dignità per dare il buon esempio ai poveri, che non possono essere altrettanto bene educati.

Ma un giorno quella signora ebbe una chiamata al telefono: la invitavano ad un concerto. Parlando forte, rispose: « Che peccato! Non posso proprio uscire! Ho tanto mal di capo! » Non aveva ancora finito di parlare che si udì un grido nella camera vicina. Tutta preoccupata che fosse successo qualche guaio, la signora corse fuori e trovò la sua bambina distesa a terra, col viso fra le mani. « Che cosa ti è accaduto, piccola mia? » « La mamma ha detto una bugia! » gridava la bambina.

La sua fiducia era ormai scossa. Una muraglia s'era elevata fra madre e figlia. Le sue idee sulla vita sociale si erano confuse, il suo sacrario era stato profanato.

Quella mamma che s'era data tanta pena di abituare la sua bambina alla sincerità, non aveva pensato alle bugie che usava dire giornalmente.

Spesso gli adulti, che si affaticano a risvegliare nel

bambino la sincerità, lo circondano poi con falsità, che non possono nemmeno venire annoverate fra le « menzogne convenzionali », ma sono meditate ed hanno il solo scopo di ingannare il bambino. Forse dovremmo considerare sotto questo aspetto le storielle che si raccontano ai piccini della Befana che porta i doni. Un giorno una madre che risentiva penosamente questo inganno si provò a confessarlo alla sua bambina; la piccina fu talmente delusa nel sentire di essere stata ingannata, che ne rimase triste per una settimana. La sua mamma piangeva nel raccontarmi questo piccolo dramma.

Non sempre, però, la situazione è così seria. Un'altra madre fece la stessa confessione al suo bambino. Egli si mise a ridere: « Oh mamma! Io lo sapevo da tanto tempo che la Befana non esiste! »

« E perché non me lo hai mai detto? »

« Mamma cara, vedevo che ti faceva tanto piacere!... »

Spesso, dunque, si invertono le parti. I bambini, che sono degli osservatori finissimi, hanno pietà dei loro genitori e li assecondano per procurare loro una gioia.

Molti genitori esigono che i figlioli si sottomettano senza discussione ai loro ordini, e nello stesso tempo vogliono essere amati con tutto il cuore. Anche qui i figli sono spesso i maestri dei genitori, poiché i loro pensieri sono puri e i sentimenti di una giustizia incredibile.

Una sera, una buona mamma voleva mandare a letto il suo figliolo. Egli però la pregò di lasciargli finire un lavoro incominciato, ma la madre non volle concederglielo. Il ragazzo finse di andare a dormire, ma più tardi si alzò per finire il suo lavoro. La madre lo colse di sorpresa e lo rimproverò acerbamente perché l'aveva ingannata. « Io non t'ho ingannato, » le rispose il figliolo, « al contrario; te l'avevo detto prima che volevo finire questo lavoro! » Per troncare la discussione, la madre gli ordinò di chiederle scusa. Ma il figliolo si ostinava a discutere sulla parola « ingannare » come prima si era ostinato a non lasciare il suo lavoro, e continuò a spiegare che non aveva ingannato nessuno e perciò non occorreva che chiedesse scusa. « Va bene, » disse la madre, « vedo proprio che non mi vuoi bene! »

« Ma mamma, » replicò il bambino, « io ti voglio tanto bene, ma non posso chiederti scusa quando ho ragione io! »

A noi sembra che il figliolo abbia parlato come un adulto e la madre come un bambino.

Ancora un esempio. Si tratta di un padre di famiglia. Un pastore protestante predicava ogni domenica, e la sua figliolina assisteva alle sue prediche. Una volta parlò della misericordia di Gesù verso l'umanità, e disse che tutti gli uomini sono fratelli, che i poveri e gli infelici ci ricordano Gesù e che li dobbiamo amare se vogliamo portare la nostra anima all'eterna salvezza. La piccina, uscita di chiesa commossa e piena di ardore, incontrò, tornando a casa, una povera fanciulla ricoperta di cenci, che le chiese l'elemosina.

Essa le corse incontro, l'abbracciò e la baciò con affetto. I genitori, spaventati, portarono via ed in fretta la loro figliolina, così pulita e ben vestita, e la sgridarono per bene per la sua sventatezza. A casa poi la lavarono con cura nell'acqua calda e le mutarono il vestitino. Da quel giorno la bambina ascoltò le prediche di suo padre con lo stesso animo col quale si ascoltano storie indifferenti che non hanno nulla a che fare con la nostra vita.

Come questi, vi sono infiniti altri conflitti, generati dai rapporti sbagliati tra genitori e figlioli, o, in generale, fra adulti e bambini.

La sproporzione fra le nostre pretese e la nostra insufficienza nel corrispondere a queste pretese, ci mette di fronte ai bambini in una falsa posizione e porta continuamente a quei conflitti che alla fine diventano una vera lotta fra genitori e figliuoli. Un abisso si spalanca fra loro, e non sanno più intendersi. Naturalmente nella lotta vince il più forte. Ma spesso l'adulto non riesce a dominare il piccolo rivale, finché si tiene ai metodi persuasivi, unicamente perché egli è dalla parte del torto. In questi casi i genitori tentano di risolvere la situazione scabrosa ricorrendo all'autorità: essi obbligano i loro figlioli all'obbedienza, dandosi le arie di essere perfetti. Ottenuta questa vittoria, la convalidano ordinando ai bambini di tacere, e così la « pace » è assicurata! Ma nello stesso tempo, i figlioli perdono la fiducia nei genitori e perdono nei rapporti con loro ogni spontaneità e confidenza.

Le loro necessità più imperative e più profonde vengono così represse. In seguito si manifestano caratteristici aspetti di reazione, oppure, dall'adattamento all'erroneo contegno degli adulti, nascono certe tensioni fisiche, che possono degenerare talvolta in vere e proprie malattie. Tali danni sono tanto frequenti da essere considerati in genere come propri e caratteristici del bambino, mentre sono soltanto reazioni di difesa, quali per esempio la timidezza, la bugia consapevole, detta per nascondere una birichinata e che è una forma di viltà. Anche la paura, proprio come la bugia, è causata dalla sottomissione passiva; soltanto è assai più gravida di conseguenze, poiché genera nel subcosciente una confusione di immagini e di sentimenti. Essa appare in quei bambini ai quali è mancata la possibilità di un tranquillo sviluppo interiore. A questi mali dobbiamo aggiungere l'imitazione passiva, che si può considerare più come una porta d'ingresso per l'infezione morale, che come un mezzo di perfezionamento e di evoluzione. Poiché non si progredisce con l'osservare gli altri, bensì unicamente col proprio lavoro. Quei desideri, che si reprimono nel bambino, rimangono celati, come depositi putridi, in fondo ad un'acqua stagnante, e il bambino non è mai in grado di apprezzarli giustamente, perché non li hai mai potuti realizzare, e non li può nemmeno frenare, poiché non ha mai avuto l'occasione di rendersene padrone: sempre presenti, lo attraggono a poco a poco e lo seducono per una segreta curiosità. Spesso l'adulto soffoca l'impulso ad agire, che è proprio del bambino, gli impedisce di vivere, di fare qualcosa di utile, di sottoporsi a grandi sforzi, in una parola, gli ostacola la tendenza a sviluppare il suo spirito secondo le leggi naturali. Per conseguenza l'attività infantile s'incammina su vie sbagliate, si volge a mille oggetti inutili, giocattoli e frivolezze, che non servono a nulla. Uno sconforto incosciente, che agisce paralizzandolo funestamente, ha ridotto l'essere, destinato a vincere tutti gli ostacoli del mondo, a decadere nell'inerzia rassegnata e nella pigrizia.

Si sono tarpate le ali al suo giocondo e sano impulso

verso l'attività, gli si impedisce quella che è la più naturale delle espressioni vitali: l'occupazione. La sua fantasia non si ferma sulle cose atte ad interessarlo, ma erra sperduta e senza senso, cercando invano nel mondo esterno un punto d'appoggio naturale. Così nasce nel bambino, proprio perché gli si cela la realtà in tutti i suoi aspetti, una forma di vita malaticcia e fantastica che lo attira in un mondo completamente irreale.

Però la sua piccola anima si oppone e si difende costantemente. Come succede in tutti gli impotenti, questa opposizione si manifesta di tanto in tanto con scatti nervosi, col broncio, la testardaggine, le lacrime e gli spasimi. Se il bambino è sano, trova scampo in una serie di monellerie – per lo più un altro aspetto della ribellione petulante e meditata – che consumano, invece che le proprie, le energie altrui, e le snervano con punzecchiature e dispetti, quali non può immaginare che una fantasia disoccupata e oziosa.

Avviene poi che questi piccoli rivoltosi, i quali formano la disperazione dei maestri, delle istitutrici, delle persone di servizio e talvolta anche degli amici di casa, trovano sempre negli altri bambini degli imitatori e dei piccoli seguaci. Del resto anche l'adulto non si comporterebbe altrimenti verso un nemico che penetrasse nel suo sacro territorio e volesse osare di dettarvi legge, pur non arrivando a schiacciare l'astuzia del vinto e dell'inerme.

Il sistema nervoso del bambino soffre in questa lotta, e i medici oggi cominciano a constatare che la causa intima di molte malattie nervose non è altro che la costrizione subita durante l'infanzia. Spesso fino dall'infanzia appaiono sintomi pericolosi, come l'insonnia, gli spaventi notturni, i disturbi di digestione, talvolta persino la balbuzie. E tutti questi mali hanno una causa unica.

I genitori fanno onestamente tutto il possibile per guarire le malattie nervose dei figli e si affannano a migliorarne i difetti di carattere. Esauriscono tutte le loro energie per rimediare ai mali che essi stessi hanno causati e che sussisteranno ancora nell'età adulta. Tutto ciò è dovuto all'oppressione che, rivestita d'amore, tradisce i bisogni veri del bambino.

Liberiamo l'anima oppressa del bambino! Come per magia scomparirà da lui ogni male, quello, almeno, che fu causato dall'oppressione. Rimarranno solo i difetti dipendenti dalla costituzione. L'imperfezione umana sentirà sempre il bisogno di un'autorità che insegni il vero e ne indichi il giusto cammino per non fuorviare.

Ma qui consideriamo un altro lato del problema. Se i giovani genitori devono fare il possibile per liberare da ogni costrizione le anime dei loro figlioli, che sono assai più innocenti e pure delle loro, la libertà nell'educazione non dev'essere fraintesa in modo da credere che non si debbano correggere i difetti in generale. In questo caso si esporrebbe il bambino alle molteplici conseguenze delle sue mancanze e lo si darebbe in preda a pericolose malattie morali. Perché non vogliamo dare nuovi principi, tiriamo soltanto altre conseguenze da quelli già noti. E soprattutto, prima di applicarli, pensiamo a ciò che realmente occorre al bambino e facciamo in modo di accontentarlo. Ma per raggiungere questo scopo è necessario preparare i genitori.

Ormai, quasi tutte le madri conoscono le cure fisiche da prodigare ai bambini, sanno le regole dell'alimentazione, la temperatura nella quale meglio si sviluppano, e i vantaggi della vita all'aria libera, che largisce in gran copia l'ossigeno ai polmoni.

Ma il bambino non è semplicemente un animaletto da nutrire; egli è fin dalla nascita una creatura che ha un'anima e se dobbiamo curarci del suo bene non basta accontentarne i bisogni materiali: bisogna aprirgli la via per lo sviluppo spirituale, bisogna, fin dal primo giorno, rispettare i moti del suo animo e saperli assecondare.

L'igiene del corpo ci dà direttive sicure per il trattamento del bambino; l'igiene dell'anima, che si estende in un campo assai più vasto, la deve completare.

Il bambino non ha solo bisogno di mangiare. La sua gioia nel compiere certi dati movimenti che nessuno gli può impedire, è per noi un segno delle sue numerose necessità. Invece di reprimerne l'attività, dobbiamo dargli i mezzi atti a svilupparla.

La maggior parte dei giocattoli moderni non offrono quegli incitamenti spirituali che occorrono al bambino e credo che, così come sono, finiranno con lo scomparire. Esaminiamo la loro trasformazione negli ultimi anni: essi vanno prendendo dimensioni sempre maggiori. La bambola è così grande che raggiunge quasi l'altezza della bambina e, in proporzione, è cresciuto tutto quanto occorre alla bambola: letti, armadi, stoviglie, ecc.

E la bambina ne è stata felice.

Se i giocattoli cresceranno ancora un poco, la bambina diverrà la rivale della sua bambola, vorrà per sé i lettini e le seggioline. Allora sarà all'apice della contentezza, ma i giocattoli saranno scomparsi.

La bambina avrà trovato un ambiente per sé ed userà lei stessa, con gioia assai più grande, gli oggetti che erano destinati alla bambola. Tutte quelle cose belle e utili le procureranno una nuova vita – la vera vita – l'unica che la possa render felice e che l'aiuti a crescere in modo naturale.

Dobbiamo dare al fanciullo un ambiente che appartenga a lui solo: un piccolo lavabo proprio per lui; delle poltroncine, una credenza coi cassetti, ch'egli possa aprire, contenente oggetti d'uso comune, ch'egli possa adoperare; un lettino nel quale dormire la notte con sopra una bella coperta ch'egli ripiegherà e stenderà da solo. Un ambiente nel quale il bambino potrà vivere e giocare: allora lo vedremo lavorare tutto il giorno con le sue manine e aspettare con impazienza l'ora di spogliarsi da solo e di stendersi nel suo lettino. Spolvererà i mobili, li metterà a posto, curerà di mangiare bene, si vestirà da solo; sarà gentile e tranquillo, senza lacrime, senza scatti, senza capricci; affettuoso e ubbidiente.

La nuova educazione non consiste solo nel preparare un ambiente adatto al bambino e nel riconoscere, in generale, che egli ama il lavoro e l'ordine per se stessi; è necessario osservarlo, per riconoscere le manifestazioni del suo spirito, che sta sbocciando. La nuova via è una via dello spirito che non rinuncia a quanto già si è acquisito riguardo alla salute del corpo, ma si appropria tutto questo e l'utilizza per far nuovi progressi. Certo il momento psicologico resta per noi della massima importanza; esso è il segreto della nuova educazione.

Cercherò di enumerare i principi che possono servire alla madre per trovare la via più giusta.

Il più importante è: *rispettare tutte le forme di attività ragionevole del bambino e cercare di intenderle.*

Di solito le espressioni di vita del bambino indicanti l'intimo potere, che lo muove a sviluppare le sue energie in tutti i campi, ci sfuggono completamente. Quando parliamo dell'« attività infantile », pensiamo a qualche fatto particolare osservato, forse talvolta, perché ha scosso la nostra pigra attenzione. Forse poteva trattarsi anche di qualche cattiva reazione, di qualche deviazione psichica prodotta dalla mancanza di esercizio o dell'esplosione di un'energia troppo a lungo repressa. Al contrario, i segni della vera attività infantile non sono facili a scoprirsi: bisogna credere a tutto il bene che sta nascosto nel bambino e prepararsi a riconoscerlo con cura ed amore; solo così saremo in grado di saperlo giustamente apprezzare. I genitori devono prepararsi così, se vogliono poi arrivare alla giusta comprensione delle manifestazioni naturali.

Ma ecco alcune osservazioni dedotte dalla vita del bambino in famiglia.

Dirò prima di tutto di una bambina di tre mesi, un piccolo essere sulla soglia della vita. Questa bambina sembrava avere appena allora scoperto le sue mani e faceva ogni sforzo per osservarle bene, ma le sue braccine erano troppo corte e, per guardarsi le mani, doveva torcere gli occhi. Era dunque in grado di compiere uno sforzo abbastanza grande. C'era tanto da osservare intorno a lei, ma soltanto le sue manine la interessavano. I suoi sforzi erano l'espressione di un istinto, che sacrificava le proprie comodità per appagare un soddisfacimento interiore.

Più tardi diedero alla bambina qualcosa da tenere in mano, da toccare. Lo teneva con indifferenza. Quell'oggetto, apparentemente, non la interessava. Aprì la manina e lo lasciò cadere senza punto curarsene. Invece il suo visino prendeva un'espressione intelligente ogni volta che si sforzava di afferrare oggetti con le manine – vicini o lontani – spesso senza riuscirvi. Osservava con aria interrogativa le sue manine, come per dire: « Com'è che qualche volta riesco ad afferrarli ed altre volte no? » Evidentemente il problema della funzione delle mani aveva attirato la sua attenzione. Quando poi questa piccina arrivò a sei mesi, le diedero un sonaglio con un campanellino d'argento. Glielo misero in mano, aiutandola a scuoterlo per far suonare il campanellino. Dopo qualche minuto la bambina lasciò cadere il sonaglio. Lo raccolsero e glielo diedero nuovamente, e così per molte volte.

Sembrava che la bambina avesse uno scopo nel far cadere il sonaglio e nel rivolerlo subito dopo. Un giorno, mentre lo teneva ancora nella manina, cominciò, invece di aprire, come al solito, tutta la mano, a sciogliere prima un dito, poi un altro e un altro; finalmente si aprì anche l'ultimo ditino e il sonaglio cadde a terra. La piccina si guardava le dita con la più grande attenzione. Rifece il movimento continuando a guardare le sue piccole dita. Quello che l'interessava non era evidentemente il sonaglio, ma il gioco, la « funzione » delle dita che sapevano tenere quell'oggetto, e quest'osservazione le procurava gioia. Prima la bambina aveva forzato gli occhi in una posizione incomoda per poter osservare la mano, ora ne studiava il funzionamento. La madre saggia si limitava a raccogliere pazientemente e restituire il sonaglio. Prendeva parte, così, all'attività della sua figliolina e capiva la grande importanza che aveva per lei il ripetersi di questo esercizio.

Questo è un piccolo fatto, che spiega i bisogni più semplici di un bambino nella sua prima età. Ma se quella piccina non fosse stata bene osservata, forse le avrebbero fasciato le manine, per impedirle di guardare storto; oppure le avrebbero portato via il sonaglino poiché si vedeva chiaramente che lo gettava per terra apposta, e tutto quanto abbiamo descritto sarebbe passato inosservato. Si sarebbe così represso un mezzo finissimo e naturale per sviluppare l'intelligenza della bambina. Invece che goderne, forse la piccina sarebbe scoppiata in pianto; in quel pianto apparentemente senza ragione che noi non curiamo e che fin dalla nascita stende un velo d'incomprensione fra noi e l'anima infantile.

Forse molti dubiteranno che vi sia nei più piccini questa vita interiore. Bisogna, certo, imparare a capire il linguaggio dell'anima che si forma, come ogni altro linguaggio, se si vogliono conoscere le necessità dei piccoli esseri e persuadersi della loro importanza per la vita che si sviluppa. Il rispetto della libertà del bambino consiste nell'aiutarlo nei suoi sforzi per crescere.

Un altro caso. Un bambino di circa un anno guardava un giorno delle figure che la madre gli aveva preparato già prima ch'egli nascesse. Il piccino baciava le figure dei bimbi ed era attirato specialmente dalle figurine più piccole. Sapeva anche distinguere le immagini dei fiori e le avvicinava al visino facendo mostra di odorarle.

Era chiaro che il bambino sapeva come ci si comporta coi fiori e coi bambini.

Alcune persone presenti trovarono che il piccino aveva una grazietta inimitabile e si misero a ridere e cominciarono a fargli baciare ed odorare una quantità di oggetti, ridendo di queste sue manifestazioni, che a loro sembravano buffe, ed alle quali non annettevano nessun significato. Gli diedero dei colori da odorare e dei cuscini da baciare, ma il piccino divenne tutto confuso e dal suo visino era scomparsa quell'espressione attenta e intelligente che dianzi lo abbelliva tanto. Prima era stato tutto felice di saper distinguere una cosa dall'altra e di esplicare l'attività corrispondente: era questo un nuovo, importante acquisto della sua intelligenza, questa occupazione ragionevole l'aveva reso completamente felice. Ma egli non aveva ancora la forza interna per difendersi dalla intromissione brutale degli adulti. Così finì col baciare e odorare tutto indistintamente, ridendo nel veder ridere coloro che lo attorniavano e che gli avevano sbarrato la via per evolversi indipendentemente.

Quante volte facciamo qualcosa di simile coi nostri bambini senza saperlo! Noi soffochiamo i loro istinti naturali e provochiamo in date circostanze una agitazione disperata, finché arrivano le lacrime « senza ragione », lacrime di bimbi delle quali noi, ciechi, non ci curiamo, come non badiamo al sorriso felice che deriva da una necessità spirituale appagata. E questo accade al principio della vita, quando le impressioni sono particolarmente delicate e si cominciano appena a vedere i primi moti dell'anima umana. Già da questo momento comincia la lotta estenuante tra l'adulto e il bambino.

Si culla il bambino, lo si addormenta... e non si ode quell'anima che chiama aiuto!

Se, invece, il bambino è compreso, vediamo subito che gli occorre assai meno sonno. Gli occhi sono vivaci ed intelligenti, si manifestano in lui i primi sintomi della socievolezza. Egli cerca aiuto e si rivolge a coloro che glielo possono dare. Si sente dire spesso: il bambino piccolo non ama la madre, bensì il seno che lo nutre, come ama coloro che gli offrono delle ghiottonerie. No: già dai suoi primi passi nella vita egli ama coloro che lo aiutano a perfezionare il suo spirito.

È palese che i piccoli cercano la compagnia dei grandi e si sforzano in tutti i modi di prender parte alla loro vita. Il bambino è proprio soddisfatto solo quando può sedere alla tavola comune o scaldarsi intorno al caminetto con gli altri familiari.

Le voci umane che parlano con pace e tranquillità sono evidentemente la più bella musica al suo orecchio. La natura gli offre questo mezzo per imparare a parlare.

Il secondo principio è questo: *bisogna assecondare quanto più è possibile il desiderio di attività del bambino; non servirlo, ma educarlo all'indipendenza.*

Finora le prime parole ed i primi passi hanno sempre contato come delle visibili e quasi simboliche pietre miliari nello sviluppo infantile e ne erano i primi progressi fondamentali. Le prime parole implicano lo sviluppo del linguaggio, i primi passi il progresso dello stare in piedi e del camminare. Sono perciò avvenimenti importantissimi in famiglia e la madre saggia e intelligente ne segna le date sul suo diario.

Ma camminare e parlare sono conquiste assai difficili. Ci vogliono molti sforzi prima che il bambino riesca a tenere in equilibrio il suo piccolo corpo tozzo con la testa troppo grande e a sorreggersi sulle gambine corte; anche la parola è un mezzo di espressione assai complesso. Queste due conquiste non possono certo essere le prime nella vita del bambino. Il suo intelletto e il suo senso di equilibrio devono avere già compiuto un lungo cammino, e la parola e il camminare eretto non ne sono che le tappe più appariscenti. Ma la via che è stata percorsa per arrivare a queste conquiste merita tutta la nostra attenzione.

Il bambino si sviluppa secondo natura, è vero, ma appunto perciò ha bisogno di esercitarsi molto. Se gli manca l'esercizio, la sua intelligenza rimane in un gradino inferiore; direi quasi che vi è una specie di sosta nello sviluppo di quei bambini che da piccoli sono sempre stati sorretti e guidati.

Chi non sa rispettare le manifestazioni dei piccoli, fin dai primi pasti, dopo l'allattamento, caccerà loro brutalmente in bocca il cucchiaino della pappa. Invece, se si farà sedere il bambino al suo tavolino lasciandogli il tempo necessario per mangiare, si vedrà subito la sua manina afferrare il cucchiaino e portarlo alla bocca.

Questo è certo un grande compito per una madre e ci vuole molta pazienza e molto amore; la madre deve nutrire contemporaneamente il corpo e lo spirito, ma lo spirito deve avere la precedenza. Occorre che essa lasci da parte momentaneamente i suoi concetti – certo lodevolissimi – riguardo alla pulizia, poiché in questo caso essi hanno un valore del tutto secondario. Il bambino che comincia a mangiare da solo non sa certo farlo bene e per conseguenza si insudicia molto. Ebbene, si sacrifichi la pulizia al suo giustificato impulso di attività. Nel corso del suo svilupppo, il bambino perfezionerà i movimenti e imparerà a mangiare senza insudiciarsi. La pulizia, quando è conquistata così, rappresenta un vero progresso, un trionfo per lo spirito infantile.

Lo sforzo di volontà di cui il bambino è capace si dimostra in una quantità di esercizi ragionevoli che egli compie continuamente. Assai prima di parlare, anzi, assai prima di camminare – già verso la fine del primo anno di vita – comincia ad agire, come se obbedisse ad una voce interiore. I suoi tentativi per mangiare da solo adoperando il cucchiaino sono commoventi: non riesce a portare alla bocca il cibo che desidera – ha fame – eppure respinge tutti quelli che lo vogliono aiutare. Soltanto dopo aver placato il suo bisogno di attività accetta l'aiuto della madre. È orribilmente sudicio, ma il suo visino brilla di contentezza e d'intelligenza. Ora, poiché i suoi sforzi sono riusciti, si lascia imboccare tutto sorridente. E noi vediamo, meravigliati, che un bambino educato a questo modo riesce, già alla fine del suo primo anno, a servirsi e a mangiare da solo. Non sa ancora parlare, ma capisce benissimo ciò che gli si dice e cerca di corrispondere alle nostre parole coi suoi atti.

Queste fatiche del bambino, che sono fatti naturali, danno a noi l'impressione di un'intelligenza precoce. Gli diciamo: « Pulisci le manine! » e ubbidisce. Lo stesso quando lo si invita a raccogliere da terra qualche oggetto o a spolverarlo, egli eseguisce subito con zelo.

Un giorno, con un bambino di un anno che aveva

appena imparato a camminare, ero in campagna su di un sentiero sassoso; il mio primo impulso fu di prendere il bambino per mano, ma mi trattenni dal farlo e cercai di guidarlo con le parole: « Cammina da questo lato! » – e « Bada, qui c'è un sasso! » – « Stai attento qui! » Egli ascoltava tutto con una specie di gioconda serietà e obbediva. Non cadde mai, né si fece male. Io lo guidavo passo passo col leggero mormorio della mia voce ed egli mi ascoltava attentamente e godeva così di poter compiere un'attività ragionevole, di comprendere le mie parole e di corrispondervi coi suoi movimenti. Guidare il bambino in questo modo: ecco il vero compito della madre.

Il vero aiuto non dev'essere prestato per cose inutili o arbitrarie; deve corrispondere agli sforzi dell'anima infantile. Il presupposto dev'essere la comprensione della natura infantile ed il rispetto per tutte le forme della sua attività istintiva.

Il terzo principio è: *poiché il bambino è assai sensibile, più di quanto si creda, alle influenze esteriori, dobbiamo essere molto guardinghi nei nostri rapporti con lui.*

Se noi non abbiamo sufficiente esperienza o non sufficiente amore per poter distinguere tutte le fini e delicate espressioni della vita infantile, se non le sappiamo rispettare, ci accorgeremo di esse solo quando si manifesteranno violentemente; a questo punto il nostro aiuto arriverà troppo tardi. Per lo più ci accorgiamo di non aver appagato un bisogno del bambino solo quando ce ne avvertono le sue lacrime ed allora ci affrettiamo a consolare il piccolo piangente.

Alcuni genitori, poi, hanno principi pedagogici differenti: essi non curano le lacrime dei loro figlioli poiché sanno per esperienza che i bambini alla fine smettono di piangere e si calmano da soli. Se noi intervenissimo con le nostre carezze per consolarli – essi dicono – i bambini si vizierebbero, finirebbero col prendervi l'abitudine, col piangere a bella posta per farsi consolare, e così gli adulti diverrebbero schiavi dei bambini viziati.

Bisognerebbe rispondere a costoro: tutte le lacrime che, apparentemente, sono senza ragione, cominciano assai prima che il bambino possa dirsi abituato alle nostre carezze. Esse sono l'indizio di una vera angustia di cui soffre il suo spirito. Per costruire la sua vita interiore egli ha bisogno di riposo e di tranquilla uniformità; noi, invece, lo disturbiamo col nostro continuo e brutale intervento. E per di più si scaraventano su di lui una quantità di impressioni disordinate, che spesso si susseguono con tale rapidità da non lasciargli il tempo di poterle accogliere. Allora il bambino piange, allo stesso modo come se gli mancasse il nutrimento o avesse mangiato troppo e sentisse i primi disturbi di una difficile digestione.

Tanto se consoliamo il bambino, quanto se lo lasciamo asciugare da solo le sue lacrime, noi trascuriamo quello che veramente gli abbisogna. La causa essenziale di questo pianto ci sfugge perché è troppo sottile, eppure in essa sta la spiegazione di tutto.

Elena, una piccola bambina che non aveva ancora un anno, diceva spesso una parola in dialetto catalano: « pupa » che vuol dire « male ». Però non piangeva mai senza una ragione evidente.

Osservammo ben presto che diceva « pupa » quando provava qualsiasi spiacevole impressione; se urtava in qualche oggetto duro, se sentiva freddo, se per caso toccava una lastra di marmo o se passava la mano su di una superficie ruvida. Era ben chiaro che voleva farsi capire da coloro che le stavano attorno. Le rispondevano con una parola di compassione e le davano un bacio sul ditino che essa tendeva come per mostrare dove le faceva male. Essa osservava attentamente quello che le si faceva e, appena contentata, diceva: « Pupa no », cioè: il mio male è scomparso, non occorre più che mi consoliate. A questo modo osservava attentamente le proprie impressioni e quelle dell'ambiente. Non era una bambina viziata, perché non la si copriva di carezze e la si consolava solo per quel tempo che essa desiderava. Ma questo accondiscendere col nostro conforto alle sue impressioni era un aiuto per chiarire le sue osservazioni e sviluppare il suo istinto sociale. Ciò le serviva anche di controllo e di appoggio nelle prime esperienze della vita. La sensibilità fine e ingenua della sua natura si sviluppava senza inceppi. Non le dicevano: « Non è nulla », quando dichiarava di provare qualche sentimento spiacevole; ammettevano l'impressione sgradita e cercavano di consolarla con la tenerezza, senza peraltro dare eccessivo peso alla cosa. Dire ad un bambino che sente male: « Non è nulla! » significa confonderlo, perché si nega la sua impressione mentre egli vuol averne da noi la conferma. La nostra partecipazione, invece, gli dà il coraggio di raccogliere altre esperienze e, nello stesso tempo, gli dimostra come si deve corrispondere alle pene degli altri. Non si negano, non se ne parla troppo, non se ne cerca la causa prima: una parola tenera e affettuosa è l'unica risposta che valga a consolare. Facendo così, il bambino potrà continuare da solo, liberamente, le sue osservazioni ed esperienze e il suo sviluppo fisico se ne gioverà moltissimo.

La piccola Elena non era una piagnucolona; se si faceva del male ripeteva la parola « pupa » e voleva essere consolata, ma non piangeva quasi mai. Quando una volta si ammalò, ripeteva sempre alla madre: « Pupa, no! », come per consolarla. La capacità di sopportare i dolori fisici era in lei assai superiore alla sua età. Aveva una comprensione ordinata delle sensazioni e sopportava i suoi piccoli dolori come una persona adulta.

Spesso i bambini piangono disperatamente nel veder soffrire chi li attornia. Anche la piccola Elena ed il piccolo Lorenzo erano assai sensibili a questo riguardo. Se si fingeva di picchiare la loro bambinaia, o se il padre faceva mostra di battere uno dei suoi amici, si mettevano piangere. Se qualcuno si lamentava o piangeva per qualsiasi ragione, subito la piccina correva a baciarlo teneramente. Ma subito dopo diceva, con una certa sicurezza: « Pupa, no! » Voleva dire: « Adesso va tutto bene, e non ne parliamo più! » Non sapeva ancora parlare, eppure quanta chiarezza e che fermezza! Lorenzo, poi, andava oltre; rimproverava coraggiosamente suo padre. Se il padre faceva qualche mossa impetuosa, o se spingeva da parte il suo piccino, questi non piangeva, ma gli si metteva davanti guardandolo con serietà e gli diceva, in tono di rimprovero: « Babbo, babbo! » come se volesse dire: « Ma non si fa così con me! »

Un giorno Lorenzo era nel suo lettino e voleva dormire; il padre lì vicino parlava forte con altre persone. Lorenzo si alzò a sedere sul letto e gridò: « Babbo! » Il padre, dopo l'ammonizione, tacque: Lorenzo, accontentato, si sdraiò nuovamente e si addormentò. Ciò mi ricorda un piccolo fatto successo quando Elena era già più grandina e aveva circa tre anni. La zia le mostrava le tavole di colori che fanno parte del mio materiale didattico. Una di queste tavolette cadde a terra e si ruppe; la zia approfittò dell'occasione per dirle: « Vedi, bisogna stare molto attenti con queste tavolette. » « E allora stai attenta, » disse Elena, « e non lasciarle cadere! » È proprio così: essi giudicano e rimproverano gli adulti, e se questi lo impediscono anche quando v'è una vera ragione, il loro sentimento di giustizia si attutisce o si incammina su falsi sentieri.

Non è assolutamente necessario che noi appariamo perfetti agli occhi dei bambini; invece è necessario riconoscere i nostri difetti ed accettare pazientemente le loro giuste osservazioni. Riconoscendo questo principio, ci si potrà quasi scusare davanti ai bambini quando si è commesso qualcosa di ingiusto.

« Bambina mia, » disse un giorno la zia ad Elena, « sono stata sgarbata con te, stamattina, e tu non lo meritavi: ero di cattivo umore! » « Ma zia cara, » disse la bambina abbracciandola, « lo sai che ti voglio tanto, tanto bene! »

Non è nostro dovere di essere esempio di perfezione per il bambino, poiché davanti ai suoi occhi noi avremo sempre i nostri difetti. Ma spesso egli li vede più chiaramente di noi e ci può aiutare a riconoscerli e ad emendarci.

Seguire attentamente tutte le espressioni dell'anima infantile, rendere il bambino libero in modo che possa manifestare i suoi bisogni e garantirgli tutti i mezzi esteriori occorrenti per il suo progresso, questa è la premessa per un libero ed armonioso svilupparsi e formarsi delle sue forze germoglianti.

Il bambino sente profondamente e teneramente ogni espressione di vita e chiede di essere molto amato e compreso. Il suo primo compito è la formazione della vita interiore, e a questo scopo egli usa fin dai primissimi giorni del più meraviglioso strumento che Dio abbia concesso all'uomo: l'intelligenza.

LA MAESTRA NUOVA

La sicurezza che vi sono stimoli capaci di risvegliare nel bambino delle attività spirituali, forma la base del nostro sistema educativo. Non si deve fare però assoluto assegnamento su questi stimoli.

La loro maggiore o minore efficacia dipende dalla maestra e dal suo modo di presentare ai bimbi il materiale didattico. Poiché se essa saprà rendere questi oggetti attraenti ai bambini, il suo insegnamento sarà altrettanto efficace quanto lo stesso materiale. Noi intendiamo dunque per lezione, o insegnamento della maestra, la sua speciale abilità di presentare il materiale al bambino e di insegnargliene l'uso.

Coloro che studiano il nostro metodo si occupano molto di tutto quanto riguarda l'insegnamento della maestra. È interessante fare un confronto fra le lezioni che si danno nelle nostre scuole e quelle che sono in uso nelle altre scuole, ove s'insegna col metodo tradizionale.

Nel nostro insegnamento la parte essenziale dell'attività viene lasciata all'iniziativa del fanciullo. Non appena il bimbo è arrivato all'età di poter compiere azioni ragionate, egli è in grado di continuare da solo la sua educazione, ripetendo di volontà sua gli esercizi atti ad esercitare il ragionamento; compie così un lavoro affatto indipendente, che appartiene a lui solo e nel quale la maestra non deve intervenire. Il suo compito si limita ad offrire il materiale. Basta ch'essa gliene mostri l'uso: poi può lasciare il bambino col suo lavoro. Poiché il nostro scopo non è tanto di impartire degli insegnamenti, quanto di risvegliare e sviluppare le forze spirituali.

Il numero di queste lezioni dev'essere assai grande, poiché il bambino ignora l'uso di quasi tutti gli oggetti che lo circondano, né lo può indovinare da solo. Perciò spetta alla maestra di mostrarglielo. Molte maestre mi hanno chiesto: « Basta, dunque, offrire il materiale con garbo e gentilezza? » No, ciò non basta davvero, poiché quello che più importa è la maniera di usarlo. Prendiamo, per esempio, le posate. Noi tutti ne conosciamo bene l'uso, ma se un cinese, che non sa come usarle, le vedesse sulla nostra tavola, egli si trastullerebbe, le farebbe passare da una mano all'altra, finché non vedesse da qualcuno di noi come si fa ad adoperarle.

Così la maestra fa lezione tutte le volte che mette i cubi, secondo la grandezza, l'uno sopra l'altro per fare una specie di torre che poi demolisce; quando toglie i cilindri dai blocchi, li mescola eppoi li rimette nei fori corrispondenti; oppure se stende per terra un tappetino da gioco. Queste lezioni possono forse sembrare strane, poiché si fanno quasi silenziosamente, mentre in genere si pensa che la lezione significhi spiegazione orale, quasi un piccolo discorso. Eppure questi insegnamenti senza parole sono vere e proprie « lezioni ». Essi mostrano al bambino come si deve sedere, come alzarsi, come si deve portare un tavolino o un vassoio con bicchieri d'acqua, come muoversi leggermente e con sicurezza. Non sono queste altrettante lezioni? Anche il « silenzio » è una lezione. Con questo esercizio insegniamo al bambino a star seduto immobile e lo abituiamo a conservare questa posizione finché una voce lieve non sussurri il suo nome. Noi guidiamo la sua attenzione alle più piccole movenze del suo corpo e così facciamo in modo che egli sappia comandarle perfettamente. La maestra non otterrà mai questa tranquillità con le parole, ma solo con la sua tranquilla sicurezza. Così possiamo dire, in un certo senso, che la « lezione di tranquillità » sia un simbolo del nostro insegnamento. A questo modo s'insegna tutto, perfino cose di cui si crede comunemente non si possa giungere a conoscenza se non attraverso la parola.

Nelle nostre scuole l'ambiente stesso fa lezione al bambino. La maestra deve solo mettere il fanciullo in diretto rapporto con l'ambiente, mostrando come si usano i vari oggetti.

Negli altri metodi questo non succede mai. Si sente solo comandare. La maestra, per esempio, dice ad un bambino: « Stai tranquillo! » « Stai zitto! » e queste dovrebbero essere parole educative! Noi, al contrario, non crediamo al potere educativo della sola parola e del comando, ma cerchiamo cautamente, e quasi senza che il bambino se ne avveda, di guidare la sua attività naturale. Egli ci mostra il successo dei nostri sforzi, acquistando nuove capacità e perfezionandole con l'esercizio assiduo fatto di propria iniziativa. Ma l'ubbidire ad un comando presuppone già la formazione della personalità. In altre parole, il bambino dovrebbe già avere acquistato la facoltà di poter reagire come noi vogliamo. Perciò questa ubbidienza dobbiamo fargliela esercitare, giacché coi soli comandi non si otterrà mai. Quanto spesso si sente raccomandare dalla maestra di pianoforte: « Tieni bene le dita! » senza mostrare all'alunno come le deve tenere! Succede allora che l'alunno mette ancora le dita in malo modo, la maestra ripete la sua osservazione e l'alunno continua a tener male le dita sulla tastiera.

Bisogna far precedere il comando da qualcosa di assai più essenziale: nello sviluppo dell'anima infantile si deve già essere formato un certo ordine, che renda il fanciullo capace di sottomettersi all'adulto e di ubbidirgli. Questo stato l'ottiene il fanciullo da solo, esercitandosi assiduamente. Prima non è possibile poter pensare a guidarlo. In quanto poi all'insegnamento da darsi oralmente, questo verrà molto più tardi.

Certo anche la parola dev'essere insegnata. E questo ci conduce all'insegnamento che riguarda il patrimonio di parole del fanciullo ed il suo modo di esprimersi.

Di solito le maestre senza esperienza danno grande importanza all'insegnamento e credono di aver fatto tutto quando hanno mostrato il materiale nel modo più conveniente. In realtà esse sono molto lungi dal vero, poiché il compito della maestra è assai più importante. A lei spetta guidare lo sviluppo dell'anima infantile e perciò la sua osservazione dei bimbi non deve limitarsi al solo scopo d'imparare a conoscerli. Tutte le osservazioni devono mirare (ed hanno solo in questo la loro giustificazione) al fine di poter aiutare i fanciulli.

Il compito della « maestra nuova » è assai difficile. Vorrei ricordare alcuni principi che la potranno aiutare. Prima di tutto essa deve saper riconoscere il polarizzarsi dell'attenzione. Quando il bambino è intento al suo

« grande lavoro » la maestra deve rispettare questa concentrazione e non disturbarla né con lodi, né con emendamenti. Parecchie maestre si sono impossessate assai superficialmente di questo principio. Una volta distribuito il materiale si ritirano e mantengono il silenzio, qualunque cosa accada. Ne consegue un grande disordine nelle classi. Il rispetto dell'attività del fanciullo che si esprime col « non intervento » è giustificato solo quando sia già intervenuto nella sua vita un fenomeno sostanziale: quando egli, cioè, abbia acquistato la facoltà di raccogliere tutta la sua attenzione su di un oggetto e di dedicarvisi, una volta che esso abbia risvegliato il suo interesse (non la sua curiosità). Il rispetto non è giustificato quando le buone energie infantili sono disperse nel disordine. Una volta vidi un'intera classe di bambini disordinati, che adoperavano male tutto il materiale. La maestra vagava per la classe piano piano, silenziosa come una sfinge. Le chiesi se non fosse meglio che i piccini andassero a saltare in giardino. Allora passò da un bambino all'altro sussurrando ad ognuno una parola nell'orecchio. « Che cosa fa? » le chiesi. « Parlo piano, per non disturbarli. »

Questa maestra era incorsa in un grave errore; essa temeva di disturbare il disordine, invece di provvedere a ristabilire quell'ordine il quale solo favorisce l'attività individuale del bambino.

Una volta una maestra mi fece quest'osservazione: « Lei vuole che si rispetti la concentrazione infantile quanto quella di uno scienziato o di un artista. Ma allora perché dice, anche, che occorre interrompere quei bambini i quali invece di lavorare si trastullano col materiale didattico? » « È vero, » risposi, « io rispetto l'attività intellettuale del bambino quanto l'ispirazione dell'artista; però questo rispetto riguarda più l'ispirazione che l'artista. Se, per esempio, io entro nel suo studio e lo trovo intento a fumare o a giocare alle carte, certo non mi farò riguardo di disturbarlo e magari gli dirò: ‹Ebbene, amico mio, che cosa la occupa tanto? Quel solitario l'assorbe veramente un po' troppo! Lasci lì la pipa, andiamo un po' a fare un giretto insieme e a goderci il sole.› »

Il nostro metodo non raccomanda certo il rispetto per i difetti o per le superficialità. La sua base essenziale sta nel poter riconoscere la differenza fra quelle condizioni fisiche del bambino, che possono esser favorevoli alla sua salute spirituale (e che noi possiamo chiamare il « bene »), e le altre, che non possono costruire nulla, non sono formative, o che addirittura danneggiano il suo sviluppo, sciupando inutilmente le sue forze (e che noi chiamiamo il « male »).

Noi vorremmo che questa distinzione stesse a cuore non solo alle maestre ma anche alle madri.

La maestra può richiamare l'alunno con severità ed energia, e toglierlo così dal suo disordine, ma quella che sa il fatto suo possiede mezzi assai più efficaci della coercizione per ottenere il suo scopo e richiamare l'alunno all'ordine. Senza dubbio occorre una costante sorveglianza ed un lavoro continuo; essa deve sorvegliare e curare l'ambiente circostante. Quanto è più semplice comandare e ammonire! Invece così il suo compito non è facile e richiede molta penetrazione e molto amore.

La maestra si deve occupare dell'ambiente del bambino come una moglie cura la casa del marito per rendergliela piacevole ed attraente. Ma non basta: essa deve conoscere ciò che occorre al bimbo e per di più deve abbellire con le sue mani la culla dell'anima che si forma.

Esercitandosi ed osservando, la maestra finirà con l'avere una chiara visione del suo compito.

L'ordine e il disordine infantili, e i successi che si possono ottenere, dipendono spesso dall'osservanza dei più piccoli particolari, perciò solo con l'esercizio si arriva ad avere un risultato soddisfacente.

Possiamo facilmente dare un esempio per dimostrare come un errore apparentemente piccolo possa avere conseguenze remote. Immaginiamo una casa operaia che sia stata fornita anche di bagni. Se gli inquilini di questa casa adoperano le vasche come depositi di carbone non potranno certo lavarsi, e per di più danneggeranno la casa ed il mobilio. Essi non potranno usufruire dei vantaggi igienici che erano stati resi loro possibili e rimarranno nella loro misera condizione, e questo solo per un errore apparentemente piccolo. Dove si attendevano grandi risultati, non si sarà ottenuto nulla. Invece dell'ordine si è creato il disordine.

L'abilità della maestra sta nella meditata applicazione delle basi del nostro metodo. Se di queste basi ella si è immedesimata, troverà aiuto per lottare contro tutte le piccole difficoltà ed otterrà grandi risultati.

La via è la stessa per ogni perfezionamento, anche per quello morale. Il saper vincere un piccolo peccato, anche perdonabile, non vuol dire raggiungere la perfezione. Ma quell'anima che sa liberarsi dalle debolezze si può elevare e, mentre supera questi difetti, lascia che le buone forze sviluppino tutta la loro energia. In questo modo si sgombrano a poco a poco le piccole difficoltà.

Noi dobbiamo aiutare il bambino a liberarsi dai suoi difetti senza fargli sentire la sua debolezza.

L'ADULTO E IL BAMBINO

Il movimento sull'educazione è così universale, oggi, che esce dalla cerchia dei competenti ed entra a far parte dei più grandi problemi sociali. Infatti si comprende che il progresso civile non può avanzare soltanto per mezzo di nuove applicazioni pratiche della scienza, che hanno trasformato l'ambiente esteriore, ma ancora e più mediante le applicazioni pratiche di una scienza che indirizzi ad aiutare l'uomo nel suo svolgimento: il bambino. Perciò alle scienze sorte modernamente intorno all'educazione si interessano non solo gli scienziati stessi e gli educatori, ma anche i parenti e in generale il pubblico. Tutti conoscono i due elementi su cui si aggira la pedagogia moderna: uno è di studiare e formare l'individualità: cioè conoscere ogni bambino nei suoi propri caratteri, per indirizzarlo poi secondo le sue tendenze riconosciute; l'altro è quello di lasciarlo libero.

Ora a tutti è noto che la realizzazione delle prospettive della nuova pedagogia ha incontrato ostacoli difficili a superare: e di qui proviene il fatto che la scienza pedagogica ha sollevato un'enorme quantità di problemi. Infatti la parola problema è diventata caratteristica in questo ambito di ricerche: si sentirà parlare di problemi della scuola, problemi della libertà, problemi dell'interesse e dello sforzo, ecc.; mentre in altri rami dello scibile si sente parlare di leggi; leggi sulla propagazione della luce, leggi della gravità, ecc. Nelle scienze i problemi sono generalmente la parte nascosta e preparatoria cui non si dà importanza: quello che entra a far parte della scienza è la scoperta e la soluzione dei problemi. Invece nel campo della pedagogia sperimentale moderna, sembra che uscire dallo stato di problema significhi uscire dal campo scientifico, in quanto è ritenuto scientifico il cercare. Chi dicesse: io ho risolto tutti i problemi della pedagogia, ho fatto delle scoperte sull'anima umana, ho messo l'educazione su un terreno semplice e sicuro, non sembrerebbe una persona che possa venir considerata sul serio dal mondo scientifico. Infatti esistono addirittura dei contrasti tra la libertà dello scolaro e la necessità di farlo studiare secondo programmi stabiliti, o, in caso, l'obbligo al lavoro necessario ad acquistar la cultura; tra lo sviluppo dell'individualità e le necessità della vita sociale: poiché nella società umana ci sono strettoie inevitabili per l'individuo, che deve adattarsi non solo alle necessità spesso dure dell'imprevisto, ma anche ai limiti morali segnati dalla stabilità stessa del consorzio civile; e ciò deve avvenire sacrificando appunto, in un grado più o meno esteso, l'individualità. Trattandosi del bambino sembra inevitabile che egli debba soffrire nell'obbligo scolastico: però si vorrebbe invece che egli godesse; di necessità deve affaticarsi, ma si vorrebbe che non provasse stanchezza. È imperativo che debba obbedire, eppure si vorrebbe che fosse libero. Questi desideri, posti in confronto alle necessità reali dei fatti, sono origine dei problemi sull'educazione. I tentativi degli scienziati si risolvono quasi in una serie di lamenti dell'adulto, che contempla una fatalità incombente sul bambino. Infatti tutte le riforme della scuola moderna tendono ad alleviare mali inevitabili, ad esempio con la diminuzione degli orari, l'alleggerimento dei programmi, gli intermezzi obbligatori di riposo e di educazione fisica: rimedi che risultano in ultima analisi a detrimento del progresso culturale.

Ad ogni modo, la soluzione di tali problemi non può essere un compromesso; è necessaria una riforma reale, capace di tracciare nuove vie all'educazione che finora ha seguito una strada senza uscita.

La scienza applicata all'educazione non ha saputo trovare il felice cammino, che in altri campi le ha fatto fare scoperte luminose ed utili alla vita umana. Nel nostro campo essa ha limitato le ricerche ai fenomeni esteriori. Per usare un termine medico, noi diremmo: « Essa ha tentato una cura sintomatica, senza curarsi di cercare se qualche errore centrale non percepito, non fosse stato la causa dei fenomeni esteriori. »

In medicina si sa che i sintomi più diversi possono provenire da una sola causa centrale, capace di determinare innumerevoli fenomeni, che sarebbe vano tentar di combattere ad uno ad uno: per esperienza un disordine funzionale di cuore può generare sintomi differenti in tutti gli organi, e sarebbe vano cercare di guarire ognuno di questi sintomi, mentre basta ristabilire le condizioni normali del cuore, perché i sintomi spariscano immediatamente. Un altro esempio si ha nelle malattie psichiche studiate dalla psicoanalisi, nelle quali ci si può trovare in presenza di tali complicazioni di sentimenti e di idee, che ne risulta un vero caos di fenomeni incomprensibili, i quali provengono da costruzioni successive causate da un solo motivo nascosto nel subconscio. Quando, sondando il subcosciente, si è trovato il motivo nascosto, tutto diventa comprensibile, ed i fenomeni svaniscono o restano senza importanza.

I problemi dell'educazione, dei quali noi parlavamo poco fa, possono essere paragonati ai fenomeni esteriori, in se stessi irriducibili, perché derivano da una causa centrale non percepita, una causa che giace, si potrebbe dire, nel subcosciente sociale di tutta l'umanità.

La nostra opera pedagogica è rimasta al di fuori del procedimento sintomatico dell'educazione attuale ed ha seguito un cammino proprio di ricerche, che le ha permesso di trovare la causa centrale dalla quale derivano questi effetti finora irriducibili. E vinta questa causa, tutti i problemi sono scomparsi.

Ora i cosiddetti problemi dell'educazione, specialmente quelli riguardanti l'individualità, il carattere, lo sviluppo dell'intelligenza, hanno una loro origine nel conflitto permanente tra l'adulto ed il bambino. Gli ostacoli che l'adulto oppone al bambino sono numerosi e gravi, ed essi diventano tanto più pericolosi, quanto più l'adulto si rivolge di continuo verso il bambino, e quasi si arma contro di lui, col diritto, con la scienza, con la volontà di dirigerlo secondo le proprie convinzioni. Quindi l'adulto più vicino al bambino, come la madre o l'educatore, è quello appunto che rappresenta il massimo pericolo per la formazione della personalità infantile. La questione di questo conflitto primitivo tra il forte e il debole, non riguarda soltanto l'educazione, ma si riflette sulla vita psichica dell'uomo, dando la chiave di molte psicopatie e anomalie del carattere e del sentimento; quindi la questione è di ordine universale, o meglio ciclica, passando dall'adulto al bambino e dal bambino all'adulto.

Il primo passo per risolvere integralmente il problema dell'educazione, non deve dunque essere fatto verso il bambino, ma verso l'adulto educatore: occorre chiarire la sua coscienza, spogliarlo di molti preconcetti: infine cambiare i suoi atteggiamenti morali. A questo primo passo segue l'altro, di preparare al bambino un ambiente adatto alla sua vita e privo di ostacoli. L'ambiente può essere determinato sulla guida di una persona sola: del bambino, il quale a mano a mano che viene liberato dalla necessità di dover lottare contro gli ostacoli, comincia a manifestare i suoi caratteri superiori, le sue tendenze più alte e più pure di creatore di una personalità nuova. In questi due passi è compiuta la necessaria preparazione del fondamento: essa si risolve in un cambiamento di ordine morale così dell'adulto, come del bambino. Infatti, avendo noi preparato un ambiente proporzionato al bambino, ed esposto alla sua libera scelta dei motivi di attività, il bambino nella calma del lavoro ha cominciato a mostrare caratteri che non erano stati prima riconosciuti. L'ambiente adatto ai bisogni più elementari ed evidenti della vita spirituale fu un ambiente rivelatore di attitudini, che nel bambino erano rimaste segrete, occulte: perché nel conflitto con l'adulto essa aveva sviluppato soltanto caratteri di difesa e di repressione. Esistono dunque due personalità psichiche nel fanciullo: quella naturale e creativa, che è normale e superiore, e quella di adattamento forzato che è inferiore e che ha i caratteri pungenti e contorti della lotta di un debole attaccato da un forte. Il dato nuovo che è risultato da questo ordine di cose, e che è diventato come un faro di luce che guida nel cammino dell'educazione, è la figura del nuovo bambino: ed essa è stata la rivelazione, si può dire la « scoperta » psicologica che ha guidato la nuova educazione. Il nuovo bambino dimostra, insieme alla disinvoltura nei suoi atti, fiducia in se stesso, coraggio, si presenta dotato di quelle forze morali che sono anche di ordine sociale; al tempo stesso spariscono in lui, o, per meglio dire, non si presentano, i difetti che si era invano cercato di distruggere con l'educazione, cioè il capriccio, lo spirito di distruzione, la menzogna, la timidezza, la paura e, in generale, tutti quei caratteri che sono collegati con uno stato di difesa. Accanto al nuovo bambino, l'adulto che sta in comunicazione con lui, cioè il maestro, ha pure assunto un orientamento tutto nuovo: egli non è più l'adulto-potenza, è l'adulto fatto umile e divenuto servo della nuova vita. Essendo avvenuta questa nostra esperienza cardinale, non è più possibile discutere sull'educazione se non si determina prima la base della discussione: cioè se si intende parlare del bambino sottoposto alla potenza-adulto, e quindi in stato permanente di difesa quando non è vinto già nella repressione; o se si parla del bambino liberato dalla potenza-adulto e messo in condizioni di vita normale, che gli permettano di manifestare i suoi caratteri creativi.

Nel primo caso l'adulto stesso è causa delle difficoltà che egli crea senza averne coscienza, e contro le quali combatte, trovandosi « nella selva dei problemi insolubili ». Nel secondo caso l'adulto si è fatto conscio del suo errore e si è posto nella giusta posizione rispetto al bambino: allora egli trova innanzi a sé un cammino piano, facile e luminoso; un nuovo mondo pacifico e pieno di meraviglie.

Su questo secondo cammino si può iniziare la scienza dell'educazione. Il concetto di scienza infatti presume la verità trovata o scoperta: una sicurezza che sia di piedistallo al suo progredire; e richiede una guida sicura e determinata che è, ora un metodo di indagine, ora un controllo ai possibili errori di procedimento. Ebbene, questa guida di precisione l'ha indicata il bambino stesso: egli chiede all'adulto-servo di essere aiutato esprimendosi così: « Aiutami a fare da solo. »

Il bambino infatti si sviluppa nel suo ambiente per attività propria, è vero, ma ha bisogno di mezzi materiali, di direttive e di cognizioni indispensabili: ora è l'adulto che deve provvedere a queste necessità inerenti allo sviluppo. L'adulto deve dare e fare quel tanto che è necessario affinché il bambino possa utilmente agire da solo: se fa meno del necessario, il bambino non può agire utilmente, se l'adulto fa più del necessario, e perciò si impone o si sostituisce al bambino, spegne i suoi impulsi fattivi. Esiste dunque un intervento determinabile: c'è un limite perfetto da raggiungere, che si potrebbe chiamare « la soglia dell'intervento ».

Questa determinazione si fa a poco a poco sempre più precisa, a mano a mano che l'esperienza progredisce su tale guida; e viene a chiarirsi in modo sempre più esatto il rapporto necessario tra la personalità dell'adulto educatore e quella del bambino.

L'attività del bambino si svolge in rapporto al materiale, cioè a oggetti e cose scientificamente determinati e messi a sua disposizione nell'ambiente. In questo particolare sta la soluzione del problema relativo all'acquisto della cultura; essa consiste dunque non soltanto nel limitare l'intervento dell'adulto, ma anche nel sostituire antichi insegnamenti del maestro con un materiale che permetta al bambino di acquistare da sé le cognizioni necessarie, seguendo i suoi bisogni di sviluppo. Ogni bambino avendo la libera scelta della propria attività, si sviluppa secondo i suoi più intimi e profondi bisogni creativi e progredisce nell'istruzione: così avviene lo sviluppo dell'individualità a spese di un esercizio conducente all'acquisto della cultura. Il maestro rimane nel suo compito di dirigente e di guida; è solo un aiuto, un servo; mentre la personalità infantile si svolge per forza propria, esercitando le sue attività.

Molti chiarimenti di grande importanza sono derivati da tali esperienze, venendo a poco a poco a costruire su nuove linee una scienza pedagogica di cristallina chiarezza. Uno di essi è che non soltanto l'intervento degli adulti ha dei limiti, ma anche il materiale, ed in genere tutto l'ambiente. Ci possono cioè essere deficienze ed esuberanze di materiale, entrambe nocive al normale sviluppo del bambino: o perché la mancanza di esso è causa di arresto, o perché l'eccesso porta confusione e dispersione di energie. Per chiarire questo concetto si può ricorrere a fatti analoghi già noti: per esempio l'alimentazione. Si sa che una scarsità di alimento può condurre alla denutrizione, ma un eccesso è causa di avvelenamento e predispone a mali innumerevoli. Ormai è ben noto che un eccessivo alimento non rinvigorisce, ma anzi debilita; ma ci fu un tempo in cui si credette che si fosse più sani e più felici mangiando copiosamente. Corretto questo errore, vennero determinazioni sempre più precise sulla quantità e qualità dell'alimento, quindi la scienza dell'alimentazione si orientò verso una sempre più precisa conoscenza dei limiti. Oggi, coloro che hanno compreso l'idea che il materiale è la chiave dell'educazione individuale, pensano però spesso che è meglio dare gran quantità di materiale, senza un ordine sistematico, senza cioè alcun limite. Queste persone sono da paragonarsi a quelli che pensavano nel passato di raggiungere la maggiore prosperità fisica, mangiando senza limiti. Il parallelo è perfetto nei due casi, perché si tratta appunto di alimenti del corpo e di alimenti dello spirito. Anche l'elaborazione dei mezzi di sviluppo psichico, cioè del materiale, ha tendenza a riconoscere limiti sempre più esatti, capaci di procurare il pieno sviluppo, la massima attività spontanea. È però sempre sulla figura del nuovo bambino che vengono guidate tali determinazioni.

Il nuovo bambino si rivela già dai primi mesi della sua nascita.

È infatti chiaro che se noi eravamo abituati a considerare come fatti psicologici utilizzabili nell'educazione soltanto quelli della coscienza e quelli espressi dal linguaggio, doveva venire trascurato completamente nell'educazione il bambino piccolissimo. E la convinzione che nulla ci fosse da fare per lui oltre alle cure igieniche, ha nascosto fatti di prima importanza. Ma una preparazione dell'adulto ad accogliere le manifestazioni psichiche anziché a soffocarle, ha reso chiaro che la vita psichica dei bambini è molto più intensa e precoce di quanto si era supposto. Ciò ha fatto rilevare con indubbia chiarezza che la vita psichica del bambino piccolissimo e i suoi sforzi di prendere rapporto con l'ambiente esterno precedono di molto lo sviluppo motore, cosicché si ha uno spirito vivo e bisognoso perciò di aiuti e di cure psichiche, quando ancora il grande sistema motore non funziona ed il linguaggio non è sviluppato. Quindi esiste nel bambino un dualismo, un contrasto funzionale tra vita psichica e vita motrice: a differenza degli animali inferiori in cui l'istinto anima già il movimento quasi alla nascita. L'uomo deve costruirsi da sé il grande istrumento attraverso cui l'anima deve rivelarsi ed agire: ciò fa pensare ad una caratteristica superiorità dell'uomo: egli deve animare col suo *io* l'apparato complicatissimo dei movimenti, perché vorrà servirsene secondo la propria individualità. Per questo l'uomo costruisce se stesso: al fine di possedersi e di dirigersi. Così vediamo il bambino muoversi continuamente; egli infatti deve costruire l'azione in rapporto allo spirito a passo a passo. Mentre l'adulto agisce spinto dal pensiero, il bambino si muove per costruire in una unità pensiero e azione. Questa è la chiave della personalità nel suo sviluppo.

Coloro perciò che impediscono al bambino di muoversi, pongono ostacoli alla costruzione della sua personalità. Il pensiero allora si svolge indipendentemente dall'azione: l'azione obbedisce agli ordini di un'altra persona, ed ecco che il movimento non risponde all'anima propria. È così che il carattere è spezzato, e permane un dissidio interiore che indebolisce ogni animo. Questo fatto di formidabile importanza per l'avvenire dell'umanità, dovrebbe essere considerato in prima linea nell'educazione della famiglia come in quella della scuola.

Il bambino è molto più elevato spiritualmente di quanto si suppone. Egli spesso soffre non per troppo lavoro, ma per essere forzato a compiere un lavoro indegno di lui. L'interesse del bambino è verso uno sforzo adeguato al suo grande potere intellettuale e alla dignità della sua persona. Oramai in migliaia di scuole in tutte le parti del mondo, si sono visti i nuovi bambini lavorare intorno a cose di cui non sarebbero mai stati creduti capaci. Infatti i piccoli bambini hanno mostrato la possibilità di lavorare lungamente senza stanchezza, di concentrare l'attenzione in modo da astrarsi dal mondo esterno, rivelando i movimenti costruttivi della loro personalità. In quanto alla cultura, essi si sono mostrati singolarmente precoci: i bambini di quattro anni e mezzo hanno imparato a scrivere, e hanno scritto con entusiasmo e gioia così grandi, che noi abbiamo definito tale fenomeno come *esplosione della scrittura.*

Tutta l'istruzione si compie con facilità, anzi con entusiasmo, in età precoce; senza lasciare stanchezza, perché appunto si tratta di attività spontanee.

Osservando questi bambini floridi nella salute, tranquilli, disinvolti, sensibili, pieni di amorevolezza e di gioia, pronti sempre all'aiuto verso gli altri, ci viene fatto di riflettere a quante energie umane si sprecano per un radicale e primitivo errore. Viene fatto di pensare ad una colpa immensa, che semina l'ingiustizia alle radici stesse dell'umanità; ma più che di una colpa si tratta di un colossale errore inconscio. È l'adulto che provoca nel bambino le sue incapacità, le sue confusioni, le sue ribellioni; è l'adulto che spezza il carattere del bambino e ne reprime gli impulsi vitali. E poi l'adulto stesso si affanna a correggere gli errori, le deviazioni psichiche, i rilassamenti del carattere che egli stesso ha prodotto nel bambino. Così si trova in un labirinto senza uscita, in un insuccesso senza speranza. Fino a che l'adulto non si faccia conscio del suo errore inavvertito e non si corregga, l'educazione sarà per lui una selva di problemi insolubili. E i suoi bambini, diventando a loro volta uomini, saranno vittime dello stesso errore, che si trasmette di generazione in generazione.

INDICE

Finito di stampare nel mese di febbraio 2013
da L.E.G.O. S.p.A. stabilimento di Lavis (TN)